Les secrets de l'agar-agar

Remerciements
L'auteur tient à remercier particulièrement Marie Devouge, qui a mis au point et réalisé une bonne partie des recettes de cet ouvrage, ainsi que Manon, Marius, Nil et quelques autres, qui ont accepté de les goûter.

Direction de la publication Isabelle Jeuge-Maynart
Direction éditoriale Carole Bat
Coordination éditoriale Clémence Thomas
Direction artistique Emmanuel Chaspoul
Conception graphique Anna Bardon
Couverture Véronique Laporte
Relecture, correction et mise en pages Edire
Fabrication Anne Raynaud
Photos p. 19 : Alain Le Toquin © Biosphoto,
p. 34 : Olivier Ploton © Larousse

ISBN : 978-2-03-586369-0

Imprimé en Espagne par Dédalo, Valladolid
Dépôt légal : juin 2011
307135/01 - 11014798 - Mai 2011

Les secrets de l'agar-agar

Bernard Montelh

LAROUSSE

SOMMAIRE

Incolore, inodore et sans saveur... Ces caractéristiques, qui sont traditionnellement celles de l'eau, valent aussi pour l'agar-agar. Mais alors, pourquoi un tel engouement pour un aliment aussi insipide et qui, de surcroît, contient très peu d'éléments nutritifs ? Eh bien, justement, pour ces raisons-là... et parce que cet extrait d'algues présente une autre particularité, beaucoup plus intéressante : c'est un puissant gélifiant. Grâce à sa neutralité et à son pouvoir rassasiant malgré une absence quasiment totale de calories, il devient donc une base idéale pour une infinité de recettes : végétariennes, minceur, ludiques ou « moléculaires ».

Histoire, découverte, vertus et usages

Portrait d'un phénomène

Mais qu'a-t-il donc cet aliment, qui n'en est pas vraiment un, pour qu'après les Japonais (et surtout les Japonaises), il séduise aujourd'hui de plus en plus d'Occidentaux ?

Un puissant gélifiant végétal

Qu'il se présente en poudre, filaments ou barres (voir page 30), l'agar-agar est un gélifiant. Mélangé à du liquide, il fait « prendre » celui-ci et le transforme en gelée. Il n'est évidemment pas le seul produit doté de ce pouvoir. La gélatine, la pectine qui se trouve dans les fruits et d'autres extraits d'algues possèdent les mêmes propriétés. Enfin, presque les mêmes ! **L'agar-agar est en effet le plus puissant des gélifiants connus.** Sa force de gel est quatre à cinq fois supérieure à celle de tous les autres phytocolloïdes (gélifiants d'origine végétale), et huit fois plus puissante que la gélatine.

Un intéressant substitut

C'est là que réside le premier intérêt de l'agar-agar : il peut remplacer la gélatine dans toutes les recettes traditionnelles qui y font appel. La gélatine est un produit protéiné, obtenu à partir du collagène contenu dans des tissus animaux, notamment dans la peau, les os et les cartilages de bovins et de porcs. Son utilisation pose donc problème aussi bien aux végétariens qu'aux juifs et aux musulmans désireux de respecter les rites et interdits alimentaires de leur religion. **L'agar-agar, en revanche, est parfaitement végétal, hallal et casher**, d'où son succès dans l'industrie agroalimentaire, surtout après la « crise de la vache folle ». Inodore et sans saveur, il n'interfère en aucune façon avec les arômes des ingrédients auxquels il est mélangé. Se conservant mieux que la gélatine, il présente en outre une meilleure tenue au démoulage. S'il peut très bien être utilisé à la place de la gélatine, la façon de le cuisiner est bien différente (lire page 34). L'agar-agar peut également remplacer d'autres liants comme l'œuf et la farine. Les personnes allergiques, ou bien celles devant surveiller leur taux de cholestérol, n'auront plus à se priver de flans ni de crèmes !

Naturel, mais pas « bio »

Qu'elles soient « sauvages », c'est-à-dire provenant du ramassage, ou cultivées (lire page 20), les algues vivent dans un milieu marin « non contrôlé » qui les prive de tout label « agriculture biologique ». Il en va forcément de même de l'agar-agar qui en est issu. Celui-ci n'en est pas moins vendu dans la plupart des boutiques bio...

Un coupe-faim sans calories

L'agar-agar est constitué à près de 80 % de fibres solubles, qui gonflent dans l'estomac au contact des liquides, et dont seulement 10 % sont digérés. Il est en revanche pauvre en sucres, graisses et protéines. Ainsi, **100 g de poudre ne contiennent que 300 kilocalories environ**. Autant dire presque rien, vu les quantités utilisées – quelques grammes par préparation. Résultat : les plats à l'agar-agar augmentent la sensation de satiété et retardent la faim, tout en réduisant le nombre de calories. Selon la diététicienne américaine Mary Beth Augustine, des hôpitaux de New York, cela permettrait de supprimer environ 300 kilocalories par jour. Or, c'est précisément le but poursuivi par tout régime sérieux : réduire la ration calorique sans pour autant s'affamer !

Pas plus de 3 g par jour

Cette richesse en fibres solubles a d'autres intérêts. D'abord, elle facilite le transit intestinal. Mais il ne faut pas en abuser pour autant. Les fibres de l'agar-agar ne dispensent pas de consommer d'autres aliments riches en fibres insolubles (légumes cuits, céréales complètes). De plus, cette propriété laxative peut devenir gênante en cas de trop grande consommation ; voire, à l'inverse, provoquer des blocages intestinaux si on ne peut pas l'éliminer suffisamment. On recommande généralement de **ne pas dépasser les 3 g d'agar-agar par jour** – ou, plus précisément, 50 mg par kilo de poids corporel (rapport technique n°281, FAO/OMS, 1962).

Autre avantage : les fibres solubles captent une partie des graisses et des sucres du repas, qui est éliminée avec elles, ce qui réduit encore le nombre de calories assimilées. Outre ce « détournement » de graisses, il semble que les fibres des algues (pas seulement celles de l'agar-agar) soient capables de lier en partie le cholestérol et d'en réduire l'absorption. Elles pourraient donc être plus efficaces pour diminuer le cholestérol sanguin et la tension artérielle que les autres sources de fibres (*Les Algues, trésor de la mer*, G. Demoulain, C. Leymergie, Haute école de santé de Genève, 2009).

Effet retard pour les sucres rapides

Non seulement l'agar-agar capte les sucres et possède un index glycémique (IG) très faible (15), mais le gel formé par ses fibres fait aussi baisser l'index glycémique des glucides dits « rapides », en retardant leur passage dans le sang. Si

L'index glycémique

L'index glycémique (IG) résulte de la comparaison entre l'effet des sucres (glucides) apportés par un aliment sur la glycémie (taux de glucose sanguin) et celui obtenu avec le sucre le plus pur, le glucose, qui s'est vu attribuer la valeur 100. Plus l'index glycémique est élevé, plus les sucres sont vite assimilés, et moins l'effet de satiété est important. Un sucre est qualifié de « rapide » si son IG est supérieur à 70, d'« intermédiaire » entre 55 à 70, de « lent » avec un IG inférieur à 55.

ces sucres sont indispensables, car nous avons besoin de l'énergie immédiatement fournie par les aliments à IG élevé, les nutritionnistes recommandent une proportion de 2/3 de sucres « lents » contre 1/3 de sucres « rapides ». Ces derniers, s'ils sont consommés en trop grande quantité et non brûlés rapidement par l'organisme (au cours d'un effort physique), vont en effet être stockés... sous forme de graisse.
En outre, l'insuline sécrétée par cet apport de sucre continue d'agir après que celui-ci a été assimilé, entraînant une légère « hypoglycémie » génératrice d'une fringale précoce... que l'on sera tenté de calmer avec quelques produits sucrés ! Et c'est la spirale infernale : le sucre appelle le sucre ! Voilà ce que l'agar-agar permettra, en partie, d'éviter. Une bonne nouvelle pour les diabétiques, mais aussi pour les « accros » aux aliments sucrés... à condition de ne pas prendre l'agar-agar comme prétexte et penser que, grâce à lui, vous pourrez vous ruer sur les sucreries, le pain blanc ou les frites. Non, en ce cas, il ne pourra pas grand-chose pour vous !

D'autres bienfaits ?

On prête à l'agar-agar encore d'autres propriétés mais souvent de manière abusive. Voulant trop bien faire, certains auteurs et nombre de sites Internet mélangent sans aucune précaution les propriétés d'algues très différentes.
Ainsi, on peut lire que l'agar-agar serait un « détoxifiant » capturant les métaux lourds (plomb, cadmium, mercure) et les

« poisons chimiques » apportés par l'alimentation. Or, cette propriété serait (le conditionnel reste de mise) celle de l'acide alginique – qui est aussi un polysaccharide et un additif alimentaire (E440), mais tiré d'algues brunes, les laminaires, bien différentes des algues rouges dont est issu l'agar-agar.

Composition de l'agar-agar (pour 100 g)

- Calories : 300 à 340 kcal
- Protéines : 2 à 3 g
- Lipides : 0,5 à 1 g
- Glucides : 70 à 80 g (presque exclusivement en fibres solubles)
- Sodium : 100 mg
- Calcium : 500 mg
- Potassium : 13 mg
- Magnésium : 12 mg
- Fer : 5 mg
- Phosphore : 8,5 mg

Certes, il est vrai que les centres de recherche médicale étudient l'action potentielle des polysaccharides dans le traitement de maladies telles que le cancer, l'angine de poitrine et le VIH, virus responsable du Sida. De là à faire endosser à l'agar-agar autant de pouvoirs, il y a un pas que nous nous garderons de franchir !

De même, si l'agar-agar est effectivement assez riche en sels minéraux, notamment en calcium (voir encadré), compte tenu des faibles quantités utilisées (quelques grammes par jour au maximum), il ne saurait remplacer les autres sources de sels minéraux, en particulier les produits laitiers pour le calcium. Il en va de même pour les vitamines.

Au commencement étaient les algues

Contrairement à ce qu'on lit parfois, l'agar-agar n'est pas une algue, mais un produit transformé issu d'algues. Il est tiré de la paroi cellulaire de plusieurs variétés d'algues appartenant à la famille des rodophytes – ou algues rouges –, sous-embranchement des floridées (du latin *floridus*, qui a un aspect fleuri). En fait, une trentaine d'espèces sont utilisées pour produire l'agar-agar. Les plus anciennes sont des *Gelidium*, en particulier *Gelidium amansii* et *Gelidium sesquipedale* (qui présentent la meilleure force de gel), ainsi que d'autres gélidiales, auxquelles s'ajoutent, depuis le début du XXe siècle, les gracilaires (surtout *Gracilaria verrucosa*).

Les algues dans l'alimentation

Les algues sont les végétaux les plus anciens de la planète. On en dénombre plus de 25 000 variétés. Sur les cinq continents, les hommes vivant près des côtes en consomment depuis la préhistoire. C'est en Asie du Sud-Est que la consommation, d'abord propagée par les moines bouddhistes puis par les aristocrates, est traditionnellement la plus importante.

Gracilaria verrucosa,
l'algue rouge la plus cultivée,
dont on tire aujourd'hui
l'essentiel de l'agar-agar.

D'abord ramassées sur les côtes, les algues ont été cultivées dès le Ve ou VIe siècle au Japon.

L'Europe, consommatrice marginale

La consommation d'algues est beaucoup plus discrète en Europe (environ 4 % de la consommation mondiale). On en trouve toutefois des traces anciennes dans quelques recettes traditionnelles. Ainsi, en Norvège, le « beurre noir » est réalisé à partir d'algues bouillies. En Irlande, on trouve sur les marchés de la dulse fraîche à côté des salades « terrestres », et on utilise aussi depuis des siècles une algue rouge surnommée « mousse d'Irlande » pour épaissir une sorte de flan, le « blanc-manger », recette traditionnelle connue aussi en France, notamment en Normandie et au Québec. La demande européenne ne cesse cependant d'augmenter, d'environ 10 % par an depuis une dizaine d'années. Dans l'Hexagone, onze espèces ont été autorisées pour l'alimentation humaine en décembre 1988, en tant que « légumes de la mer ».

La découverte de l'agar-agar

XVe siècle, XVIIe siècle ? Difficile d'obtenir une source fiable sur la découverte de l'agar-agar. La seule chose sûre, c'est qu'elle a été faite au Japon, où cette substance a été dénommée *kanten*, qui signifie « temps froid » – et également surnommée « aliment des dieux ».

Selon la version la plus répandue, la découverte des propriétés gélifiantes contenue dans le *Gelidium* serait d'abord due au hasard... et à Tarozaemon Minoya, hôtelier à Kyoto, au milieu du XVIIe siècle. Découvrant qu'un reste de bouillon d'algue (*tokoroten*) qu'il avait jeté dans la neige s'était transformé, en séchant au soleil, en de longs filaments blancs, il eut l'idée de les faire bouillir et eut la surprise d'obtenir, après refroidissement, une gelée compacte.

Du kanten à l'agar-agar

Le goût et la texture de cette gelée, dit-on encore, furent très appréciés des moines de la secte bouddhiste Zen, qui en perfectionnèrent la recette. Sa consommation est très répandue au Japon, dans des préparations aussi bien salées que sucrées (en particulier le yokan, pâtisserie traditionnelle à base de pâte de haricots rouges, ou azuki, voir recette page 118). L'archipel nippon conservera d'ailleurs l'exclusivité de sa production jusqu'au XXe siècle.

Mais, comme les autres spécialités japonaises, c'est surtout après la Seconde Guerre mondiale que le kanten commencera une vraie carrière internationale, rebaptisé du nom malais d'agar-agar (qui signifie « gelée »).

Un peu de chimie

Mais quel est donc ce gélifiant miracle ? Un polymère de galactose appelé galactane, contenu dans la paroi cellulaire des algues. Un polymère (du grec *pollus*, plusieurs, et *meros*, partie) est un système formé par un ensemble de macromolécules de même nature chimique. Les matériaux polymères peuvent se présenter sous forme liquide ou solide à température ambiante ; ils se caractérisent à la fois par des propriétés élastiques et un caractère visqueux. Le polymère naturel le plus célèbre est sans doute l'ADN. Ceux qui forment l'agar-agar appartiennent à la famille des polysaccharides (ou polyosides), tout comme la cellulose et l'amidon.

L'agar-agar lui-même est ce qu'on appelle un mucilage, substance végétale constituée de polysaccharides qui gonfle au contact de l'eau et produit une substance visqueuse comparable à la gélatine. L'agar pur est constitué de deux polysaccharides : l'agarose (le composé actif responsable de l'action gélifiante) et l'agaropectine. Il forme des gels quand les polymères dont il est constitué s'enroulent les uns autour des autres. Il se forme alors un réseau tridimensionnel capable d'emprisonner une très grande quantité d'eau.

De l'algue à l'agar-agar

Le passage de l'algue à l'agar demande tout un processus de transformation. Il existe deux méthodes différentes pour obtenir l'agar-agar : la méthode traditionnelle et la méthode industrielle.

Méthode traditionnelle

Les algues sont coupées, rincées puis bouillies dans de l'eau douce à laquelle on ajoute du vinaigre. L'eau gélatineuse est ensuite filtrée, puis ce filtrat est mélangé à une solution d'alcool et d'eau afin d'obtenir un précipité d'agar-agar qui est ensuite séché au soleil. Le produit fini se présente alors **sous forme de barres ou de filaments**, dont le côté authentique est encore apprécié des Japonais.

Méthode industrielle

Cette méthode est plus complexe. Après un premier broyage, les algues subissent trois rinçages : le premier à l'eau douce, le deuxième en milieu acide, le troisième à nouveau dans l'eau douce, mais chauffée à 60 °C, pendant trente minutes et faiblement alcalinisée par du carbonate de sodium. Au cours de ces rinçages, de nombreuses substances sont éliminées, dont

le pigment rouge ; l'algue prend alors une coloration verte.
Après séchage, les algues sont mises à macérer à 127 °C pendant trois heures dans de l'eau douce. Cette deuxième étape permet la dissolution des molécules d'agar, en évitant qu'elles ne se scindent en fragments si courts qu'ils deviendraient solubles dans l'eau froide et ne donneraient plus de gel. Le brassage conduit alors à une bouillie verdâtre.
La filtration s'effectue ensuite à chaud, dans un cylindre maintenu sous pression. Le jus contenant les agars en solution traverse les mailles et est recueilli par un collecteur. On extrait environ 1 g d'agar de 100 g de solution.
Le gel obtenu est enfin congelé et décongelé plusieurs fois, plongé dans des bains d'hypochlorite pour éliminer les derniers pigments et obtenir un produit blanc. Il est ensuite déshydraté. Ou, mieux encore, il est lyophilisé, c'est-à-dire déshydraté directement après avoir été congelé (l'eau passe directement de la glace à la vapeur, sans passer par la phase liquide), ce qui préserve particulièrement ses qualités. L'agar-agar se présente alors **sous forme de poudre**, plus facile d'emploi que les filaments.

Une production mondialisée

La production mondiale d'algues, toutes catégories confondues, est d'environ 16 millions de tonnes par an, pour une vingtaine d'espèces ramassées (qui représentent à peine plus d'un million de tonnes) et surtout cultivées. Près de 75 % de cette production sont destinés à l'alimentation humaine. Les plus consommées sont les algues brunes (6,5 millions de tonnes), notamment les laminaires. Viennent ensuite les algues rouges (environ 6 millions de tonnes), parmi lesquelles les agarophytes dont on tire l'agar-agar.

LA FILIÈRE DE L'AGAR-AGAR

Le fort accroissement de la consommation d'agar-agar a suscité une véritable filière économique, allant du ramassage des algues, et surtout de leur culture, à l'industrie de transformation. L'agar-agar est en effet le plus coûteux de tous les extraits d'algues, du fait de sa rareté relative et du nombre de ses applications spécialisées. Au total, on estime le marché mondial à environ 150 millions d'euros.

ALGUES CULTIVÉES ET ALGUES SAUVAGES

Mieux réparties géographiquement et plus faciles à cultiver que les autres espèces, les gracilaires représentent aujourd'hui la majorité de la production d'algues agarophytes. Bien que leur culture soit pratiquée depuis longtemps en Asie, celle-ci ne décolla vraiment que lorsque l'industrie parvint à augmenter la qualité de l'agar qu'elle en extrait. Cette progression est surtout spectaculaire depuis le début des années 2000, au point que les algues naturelles issues de la cueillette (presque exclusivement des *Gelidium*) n'assurent plus que 10 % environ des besoins mondiaux. Le Maroc en fournit 70 %, suivi du Japon et de la Corée avec 14 % chacun, puis de l'Espagne (2 %).

LES RÉPERCUSSIONS DU RAMASSAGE

Mais le volume de ramassage devrait encore régresser, du fait de sa surexploitation et, dans une certaine mesure, de la pollution, malgré sa grande capacité de régénération végétative. La récolte, qui se faisait autrefois par simple ramassage à marée basse, nécessite aujourd'hui la plongée à des profondeurs de plus en plus importantes. Ainsi, le Maroc, qui récolte annuellement 14 000 tonnes d'algues rouges le long de sa côte atlantique, a perdu 40 % de son « parc » naturel entre 1999 et 2004, à cause du ramassage sauvage, y compris durant la période où celui-ci est interdit pour permettre la régénération. Pour éviter la disparition d'une activité qui fait vivre près de 10 000 personnes, le gouvernement a limité la collecte à 5 400 tonnes par an.

LA CHINE, PREMIER PRODUCTEUR MONDIAL

90 % des algues agarophytes sont donc cultivés, en général dans des marais peu profonds (50 cm à 1 m) communiquant avec la mer, dans lesquels des fragments d'algues sont attachés à des cordages ou ancrés sur le fond sableux. Le premier producteur mondial est désormais la Chine (52 % de la production d'algues brunes et 40 % de celle d'agar-agar). Viennent ensuite l'Indonésie (25 %), le Chili (17 %), le Vietnam et Taïwan (3 % chacun). Mais on récolte ou on cultive des algues agarophytes un peu partout, notamment en Nouvelle-Zélande, en Australie, aux États-Unis, au Mexique, au Portugal, et même en France, en Bretagne et sur la côte basque.

De multiples usages…

Hors du Japon, l'agar-agar est resté longtemps – et reste encore – un produit très confidentiel dans les cuisines des ménages. Mais il a en revanche mené une carrière aussi brillante que discrète dans l'industrie, après s'être imposé dans la recherche…

Un inconnu nommé E406

Même si vous l'ignorez, vous avez sans doute déjà consommé de l'agar-agar, sous l'appellation beaucoup moins poétique de E406. Autrement dit, c'est un **additif alimentaire**, catégorie « agent de texture », utilisé depuis longtemps par l'industrie agro-alimentaire.

En effet, ce gel a l'avantage de très bien résister à la chaleur, conservant sa fermeté jusqu'à des températures avoisinant les 100 °C ; ce qui en fait un excellent stabilisant et épaississant dans les garnitures de tartes, les glaçages, les meringues, les sorbets et les glaces, un agent gélifiant dans la confiserie (notamment les confiseries aux fruits, très prisées en Asie), ou pour améliorer la texture des produits laitiers comme les yaourts et les fromages à la crème.

Comme il supporte bien la stérilisation, on l'emploie également comme **agent de conservation**, fonction qu'on lui fait aussi jouer pour empêcher la déshydratation des articles de confiserie et de boulangerie.
Sa résistance à la chaleur est aussi un atout considérable pour le transport des marchandises, en permettant une plus grande flexibilité dans le contrôle de la température.
Enfin, il entre également, comme gélifiant, dans la fabrication d'aliments pour animaux domestiques.

À boire et à manger

Jelloware est un verre peu banal. Conçu par l'agence de design new-yorkaise The Way We See The World, il est fabriqué à base d'agar-agar parfumé. Une super-gelée, en quelque sorte ! Ainsi, non content de remplir sa fonction première, il est biodégradable et peut se jeter dans la nature après usage… mais aussi se consommer !

Révolution dans la microbiologie

Si 60 % de la production d'agar-agar sont dirigés vers l'industrie de la transformation alimentaire, le reste est principalement utilisé dans le domaine de la santé. Cet ingrédient a en effet révolutionné la science de la microbiologie, au début du XXe siècle, en simplifiant énormément la culture et la séparation des souches microbiennes.

En 1887, le bactériologiste allemand Richard Julius Petri (1852-1921) invente la boîte qui porte son nom ; elle ne mettra pas longtemps à s'imposer comme la reine des laboratoires de biologie, pour la mise en culture de micro-organismes ou de cellules. Mais Petri rencontre des problèmes avec la gélatine animale utilisée dans ses boîtes comme support de culture : elle fond à la chaleur et beaucoup de bactéries sont capables de la dégrader, ce qui rend la lecture des milieux impossible.

C'est l'un de ses collaborateurs, Walter Hesse, qui eut l'idée de changer de support… ou plutôt sa femme et assistante, Fanny Angelina Eilshemius. Née en 1850 à New York d'une riche famille d'immigrants hollandais, elle suggéra à son

Le *Gelidium*, en cosmétique aussi

Lorsqu'il n'est pas transformé en agar-agar, le gel contenu dans l'algue *Gelidium* est employé pour bien d'autres usages, notamment en cosmétique. On en trouve dans certains démaquillants jouant la carte « nature ». Paré de multiples vertus, il est censé améliorer l'hydratation et la « revitalisation » de la peau. Dans certaines crèmes amincissantes et huiles de massage, il est censé favoriser la libération des acides gras et provoquer le raffermissement des tissus. Enfin, il est utilisé en phytothérapie, dans des gélules destinées à favoriser le transit intestinal.

mari d'utiliser l'agar-agar, qu'elle avait découvert dans sa jeunesse auprès d'un voisin hollandais originaire de Java. Le succès fut tel que l'agar-agar devint rapidement le milieu solide idéal pour la croissance de microbes et de bactéries en laboratoire. Ses étonnantes caractéristiques sont en effet autant d'atouts : il fond seulement à près de 100 °C, solidifie vers 40 °C (température à laquelle la plupart des microbes survivent) et reste stable aux températures de stérilisation ; il est aussi non toxique pour la plupart des microbes et pour les autres formes de vie ; il est physiologiquement inerte, car très peu de bactéries possèdent les enzymes pour le digérer.

Chez les pharmaciens et les dentistes

Mais l'agar-agar ne supporte pas que les microbes ! Avec de telles qualités, il a aussi été beaucoup utilisé en pharmacie, au temps où l'on préparait encore dans les officines les médicaments prescrits par les médecins. Il jouait par exemple le rôle d'épaississant, notamment dans les sirops contre la toux. Les laboratoires pharmaceutiques continuent d'ailleurs à l'utiliser, sous l'appellation générique – et bien vague – d'excipient. Enfin, aujourd'hui encore, vous avez peut-être aussi été en contact avec l'agar-agar… chez votre dentiste. Il entre en effet dans la composition de certains matériaux de moulage pour prendre l'empreinte des dents.

Et maintenant, parlons cuisine !

Désormais, vous savez tout sur notre poudre magique ; il est temps de passer à la pratique. Mais avant de se plonger dans les recettes, faisons un petit tour d'horizon sur les utilisations culinaires de l'agar-agar. Quant au mode d'emploi de base, rien de plus simple, du moins sur le principe. Mais quelques conseils pratiques – et un peu d'expérience – ne seront pas superflus pour réussir parfaitement vos préparations.

Pour quoi faire ?

Comme nous l'avons vu au début de ce livre, l'agar-agar peut être utilisé pour remplacer tous les gélifiants d'origine animale (gélatine, gelée en poudre), les œufs et les liants plus caloriques (farine, Maïzena®, etc.).

Nous avons vu aussi que ses propriétés rassasiantes pour un nombre ridicule de calories en faisaient un élément très intéressant de « cuisine minceur ». Idéal pour toutes celles et tous ceux qui suivent un régime pour perdre du poids – ou tout simplement qui surveillent leur alimentation pour ne pas en prendre !

La « boisson-minceur »

C'est la plus simple des recettes, et un efficace coupe-faim utilisé depuis longtemps par les Japonaises, surtout à l'approche de l'été, pour éliminer quelques kilos en trop. Il suffit de **diluer 1 g d'agar-agar dans une grande tasse de liquide bouillant** (thé, café, lait, infusion, bouillon…) et de le boire assez chaud, c'est-à-dire avant qu'il ne descende à 40 °C, température de gélification, environ un quart d'heure avant les repas. Ne craignez rien pour le goût : il ne sera absolument pas modifié. En gonflant dans l'estomac, les fibres solubles contenues dans l'agar-agar vont diminuer la sensation de faim et vous inciter à moins manger au cours du repas.

Pour bénéficier de l'effet rassasiant de l'agar-agar, vous pouvez aussi simplement l'utiliser… sans le cuisiner, et sans que cela ne modifie vos plats. De la même façon que vous préparez une « boisson minceur » (voir encadré), il suffit d'ajouter un peu de poudre dans les sauces… et de manger chaud, avant que l'effet gélifiant ne commence, c'est-à-dire à partir de 40 °C. Mais rappelez-vous : **pas plus de 3 g par jour**.

Mais il y a plus. Cuisiner à l'agar-agar, vous le constaterez rapidement, c'est aussi faire œuvre créative, en osant des recettes auxquelles on n'aurait pas pensé. Toutes ne seront pas à proprement parler des recettes « régime » ; mais si elles peuvent allier goût, présentation et texture originales avec légèreté, autant en profiter !

Des légumes dans tous leurs états

Les légumes sont les véritables vedettes de la cuisine à l'agar-agar, en particulier de la cuisine minceur. À partir d'une même base de légumes cuits à l'eau ou à la vapeur, il devient en effet possible de multiplier les recettes savoureuses en ajoutant très peu de calories : flans, mousses, aspics, terrines ; avec des purées, des morceaux, ou les deux. C'est surtout intéressant pour le printemps et l'été, lorsque les légumes sont abondants et les plats froids plus appréciés. Mais la capacité de l'agar-agar à conserver sa texture jusque vers 100 °C permet aussi de les faire tiédir au four à micro-ondes. Et lorsque les légumes frais sont plus rares, on pourra les remplacer sans dommage par des surgelés, entiers ou déjà en purées lorsque l'on doit les utiliser sous cette forme (idéale aussi lorsque l'on a peu de temps à consacrer à la cuisine). On en trouve de toutes sortes, ils sont généralement délicieux et, contrairement à ce que l'on pourrait penser, la congélation industrielle de légumes frais cueillis préserve vitamines et sels minéraux – mieux même qu'un légume frais qui a séjourné une semaine au fond du réfrigérateur.

Avec les protéines aussi

Lorsque l'on surveille sa ligne, le problème, surtout avec les viandes, vient souvent des sauces, trop grasses. Quant aux poissons, s'ils sont vivement conseillés pour un bon équilibre alimentaire (faible apport calorique, « bonnes » graisses), vous en aurez vite assez de les consommer simplement bouillis. La solution : les terrines et aspics, dans lesquels vous mélangerez poisson ou viande (en particulier les volailles maigres) et légumes, liés par une gelée parfumée à base d'agar-agar. Des entrées froides particulièrement appréciées, surtout en été.

Pour les desserts

Si vous n'êtes pas très habile en matière de desserts, ou si vous craignez que ceux-ci ne vous entraînent sur la pente glissante de la surcharge calorique, réjouissez-vous : l'agar-agar va vous sauver la mise !
En effet, comme pour les légumes, il vous permettra d'utiliser des fruits à l'état naturel, crus ou cuits, en ajoutant peu ou pas de sucre (ou d'édulcorant), mais aussi des yaourts et du fromage blanc à 0 % de matières grasses, des laits végétaux (de coco, soja ou riz – tout aussi gras que le lait demi-écrémé, mais il s'agit là de matières grasses végétales), de la crème de soja (11,5 % de matières grasses). À vous les crèmes originales, les mousses au chocolat légères, les gelées et les flans « minceur ».

Dans la cuisine moléculaire

L'agar-agar est un des additifs phares de la cuisine moléculaire. Il est utilisé pour réaliser des plats aux formes et textures inusitées comme les perles et les spaghettis de gel. Il est aussi incorporé à des préparations destinées au siphon alimentaire, pour obtenir des mousses très légères.

Poudre, filaments et barres

Nous vous conseillons d'utiliser l'agar-agar en poudre. C'est aujourd'hui la forme la plus courante sous laquelle il est vendu, parce qu'elle est plus simple d'emploi : la poudre se dissout presque instantanément dans l'eau froide.

Si vous avez acheté l'agar-agar sous forme de filaments ou de barres, voici comment procéder :

- Coupez des morceaux aux ciseaux pour obtenir le poids nécessaire (le dosage est un peu supérieur à celui de la poudre), faites tremper les morceaux dans l'eau quelques minutes, puis essorez-les comme une éponge.
- Ajoutez-les ensuite au liquide, portez à ébullition et faites bouillir 8 à 10 minutes pour que l'agar-agar se dissolve.

Poudre et filaments d'agar-agar.

Comment faire ?

Si l'agar-agar est le plus utilisé de tous les gélifiants végétaux dans la cuisine des particuliers, c'est surtout parce qu'il est le plus pratique. **Il suffit de le mélanger à un liquide (ou semi-liquide), de préférence froid, de porter ce mélange à ébullition et de maintenir sur le feu (pas trop vif) environ deux minutes, puis de laisser refroidir.** Et c'est tout ! Dès que la température tombe au-dessous de 40 °C (en quelques minutes), le gel commence à prendre. On laisse refroidir, puis on place au réfrigérateur, au moins une heure.
De plus, l'agar-agar ne fait pas de grumeaux, comme la farine et d'autres épaississants. Bref, on a toutes les chances de réussir ses plats, même sans être très doué en cuisine.

Où l'acheter ?

Confiné naguère dans les magasins de produits asiatiques, l'agar-agar est aujourd'hui disponible sous forme de poudre, plus facile à utiliser, dans la plupart des boutiques de produits biologiques et diététiques. On le trouve aussi en pharmacie, mais son prix y est plus élevé. Le plus simple et le plus économique, pour tous ceux qui n'ont pas de boutique à proximité, est de le commander sur Internet : ce n'est pas l'offre qui manque !

Le dosage

C'est le point le plus délicat de la cuisine à l'agar-agar. En effet, il en faut très peu pour gélifier une préparation… mais

Ferme ou très ferme ?

Bien sûr, la quantité de poudre variera selon la fermeté que vous désirez obtenir. Voici une indication, toujours pour un demi-litre de liquide.

- Épais mais pas ferme (crème, par exemple) : 1 g, soit une demi-cuillère à café.
- Fermeté normale : 2 g, soit une cuillère à café rase.
- Fermeté renforcée : 4 g, soit deux cuillères à café rases.
- Gelée très ferme : 6 g, soit une bonne cuillère à soupe.

suffisamment tout de même. Faute de quoi, votre joli flan va lamentablement se défaire au démoulage ! Le rapport poudre/liquide le plus fréquent est de 2 g pour un demi-litre. Malheureusement, on a rarement sous la main une balance aussi précise. Quitte à investir, il est plus économique d'acheter une petite batterie de cuillères à doser, qui descendent jusqu'à 0,5 g.

À défaut, il suffit de se munir d'une cuillère à café standard. La dose courante de 2 g correspond à une cuillère à café rase. Et pour nous simplifier la vie, certains fabricants commercialisent l'agar-agar sous forme de sachets de 2 ou 4 g.

Faites des tests

Cela dit, la fermeté peut aussi varier selon la qualité de l'agar-agar, mais surtout la densité de la préparation : une purée ferme, peu aqueuse, gélifiera moins qu'un liquide aromatisé (eau, lait, etc.). Lorsque vous expérimentez une recette, il est prudent de déterminer le bon dosage. Comme l'agar-agar ne gélifie qu'en refroidissant, laissez d'abord refroidir une petite quantité à température ambiante (en maintenant le reste à feu doux). La gélification doit s'effectuer en quelques minutes. Si le résultat semble trop liquide, il suffira d'ajouter un peu d'agar-agar au reste de la préparation ; s'il semble trop ferme, ajoutez du liquide (bouillon, lait, eau, selon le cas).

Une base simple, d'infinies variations

À partir de la base très simple que nous vous avons indiquée, le mode d'emploi peut légèrement varier, selon les ingrédients utilisés et le type de recette à réaliser. Le dosage approprié est toujours précisé dans les recettes présentées dans la suite de l'ouvrage.

Retenez surtout que lorsque vous aurez maîtrisé ces quelques savoir-faire simples et, surtout, le dosage, vous pourrez essayer tout ce qui vous passe par la tête, notamment en

Les laits végétaux

Des « crèmes » et des « laits » végétaux peuvent souvent être utilisés à la place des produits laitiers d'origine animale. On les trouve dans les épiceries asiatiques. Avantage : pas de lactose (pour les allergiques), peu de graisse, et uniquement végétale, donc pas de cholestérol. Le lait de riz est le plus maigre mais contient 12 % de glucides. Le tofu titre 2,7 % de matières grasses, la crème de soja 11 %, contre 18 % pour les crèmes fraîches allégées. Mais attention : il n'y a pas non plus de calcium dans ces produits végétaux.

matière de gelées, de flans et de crèmes. Si vous craignez les résultats, essayez d'abord avec une petite quantité. C'est beaucoup plus simple que pour les recettes traditionnelles. Vous verrez alors si votre invention vaut la peine d'être reproduite, si elle doit être modifiée… ou abandonnée.

Agar-agar et gélatine

Une excellente manière de trouver des recettes originales consiste à écumer vos anciens livres de cuisines, en repérant les préparations à base de gélatine. Toutes peuvent être transposées avec de l'agar-agar. Mais attention, le mode d'emploi n'est pas le même et le résultat non plus.

Côté dosage, l'agar-agar est huit fois plus puissant que la gélatine ; ce qui signifie mathématiquement que **1 g d'agar-agar vaut 8 g de gélatine**. En pratique, mieux vaut compter 2 g d'agar-agar en poudre pour trois feuilles de gélatine, c'est-à-dire 6 g. Par ailleurs, la gelée obtenue avec l'agar-agar est plus ferme que celle de la gélatine (la première est une « gelée

Remplacez aussi le pied de veau

Nombre de recettes de terrines à la viande demandent de cuire celles-ci avec un pied de veau, que l'on retire ensuite. C'est lui qui va donner la gélatine permettant à la préparation de prendre. Pour transposer ces recettes en utilisant de l'agar-agar, il suffit de supprimer le pied de veau et d'ajouter l'agar-agar dilué à la fin de la cuisson.

craquante », la seconde présente une texture plus crémeuse). De plus, la gélatine fond à une température avoisinant celle de l'intérieur de la bouche, ce qui n'est pas le cas de l'agar-agar. **Pour reproduire l'effet fondant en bouche caractéristique de la gélatine, on peut réduire la quantité d'agar-agar et ajouter à la préparation un épaississant végétal** qui la rendra plus onctueuse comme la Maïzena® ou, mieux, la fécule d'arrow-root (plante tropicale), dite toloman en Martinique, que l'on peut acheter dans les boutiques bio et sur Internet. Enfin – et surtout – le mode de préparation est différent : la gélatine se dissout dans l'eau tiède et ne se cuit pas, tandis que l'agar-agar doit être porté à ébullition dans un liquide.

Les ustensiles

Tout d'abord, il vous faut du matériel pour doser – non seulement l'agar-agar lui-même, mais les quantités dans lesquelles vous allez le diluer : **balance de ménage et verre doseur sont de rigueur** (pensez aussi que, souvent, les récipients des blenders et des presse-agrumes électriques sont gradués).

Ensuite, **des moules**. Si vous n'en possédez pas déjà, investissez dans des ramequins de différentes tailles. Choisissez-les de préférence transparents : d'une part, vous verrez ce que vous faites lorsque vous démoulez ; d'autre part vous verrez ce que vous mangez lorsque vous ne démoulez pas. C'est beaucoup plus sympathique ! Autre conseil : **prenez des modèles évasés plutôt que droits** : les préparations seront bien plus faciles à démouler. Surtout, quelle que soit

leur forme, **leur paroi doit être bien lisse partout**. Pour changer, vous pouvez utiliser toutes sortes de moules qui répondent à ces critères : verres, petits bols, tasses, petits plats ronds en terre (ceux que l'on utilise pour les crèmes brûlées), pour les portions individuelles ; grands bols, plats ronds et autres saladiers pour les terrines et aspics. Pour ces derniers, vous pouvez aussi choisir des moules à cake ou… des terrines.
Pensez également aux petits verres pour les entrées style verrines, qui ne doivent pas être démoulées. Et pourquoi pas, pour des préparations en gelée assez ferme – surtout si elles sont destinées aux enfants –, des moules originaux en forme de cœur, d'étoile ou d'animaux ?

Froid, mais pas congelé

Pour certaines des recettes qui suivent, il est conseillé de placer la préparation à l'agar-agar quelques minutes au congélateur pour accélérer la gélification en cas de superposition de plusieurs couches. En revanche, **évitez de conserver les plats à l'agar-agar au congélateur**, car ils ont tendance à rendre de l'eau. Contentez-vous du réfrigérateur, dans lequel ils se conservent sans dommage plusieurs jours.

Le démoulage

En principe, si vous n'avez pas sous-dosé votre préparation et si vous avez bien choisi votre récipient, vous n'aurez aucun mal à démouler gelées, flans, aspics et terrines. **Il suffit de glisser un couteau fin à bout rond entre le récipient et la gelée, de faire le tour en appuyant bien contre le bord pour ne pas couper la gelée, puis de retourner sur une assiette :** ça tombe tout seul !

En revanche si vous voyez que le couteau entame trop facilement le gel (d'où l'intérêt du récipient transparent), n'insistez pas, vous risquez le massacre au démoulage. Servez simplement dans les ramequins. Et s'il s'agit d'un plat collectif, servez « à l'ancienne », à la cuillère !

Les gelées

Simples à réaliser… et à rater !

Apparemment, les gelées sont simplissimes à réaliser. De l'eau parfumée ou du jus de fruits, de l'agar-agar, et c'est tout… Mais attention : si la préparation ne pose aucun problème, c'est aussi la recette la plus facile à rater. En effet, il ne suffit pas de gélifier n'importe quel liquide pour obtenir une gelée appétissante !

Du sucre. Une gelée a toujours besoin d'être plus sucrée qu'une boisson. C'est particulièrement vrai pour celles qui se consomment habituellement chaudes. Ainsi, un thé ou une infusion peut se boire sans sucre, pas leur version gélifiée. Et ne parlons pas du café : gélifié sans sucre, il libère toute son amertume au point d'être presque inconsommable ! Quant aux jus de fruits, c'est plutôt le contraire : sans ajout de sucre, ils paraîtront souvent insipides.
Comme il est bien difficile de donner des indications en la matière (chaque fruit étant unique), il est préférable de tester d'abord une petite quantité avant de voir plus grand.

Du matériel pour les jus. Si vous utilisez les jus de fruits du commerce, vous n'aurez quasiment rien à faire. Mais quitte à acheter du bon jus de fruit assez cher… autant le boire ! De plus, vous ne trouverez pas forcément ce que vous voulez, a fortiori si vous vous lancez dans les mélanges.

Donc, vous allez sans doute devoir réaliser des jus de fruits maison. Mais pour cela, il faut du matériel. Pour les agrumes, c'est assez simple : tout le monde dispose d'un presse-agrumes. Si vous pratiquez l'exercice régulièrement pour des quantités respectables, la version électrique vous deviendra vite indispensable. Pour les autres fruits, la question ne se pose pas : vous ne pourrez pas vous passer d'une centrifugeuse, autonome ou intégrée à un robot multifonction.

Il y a sucre et sucre

Le sucre évoqué dans les recettes n'est pas forcément du sucre raffiné. Vous pouvez utiliser du miel (qui deviendra aussi un ingrédient gustatif à part entière), du sirop d'érable ou, pour un goût plus neutre, du sirop d'agave ou de bouleau. Ou encore, version régime, un édulcorant (stevia, saccharose, ou aspartame… si vous n'avez pas de doute sur son innocuité), à condition d'en supporter le goût.

Des gelées salées. La centrifugeuse vous permettra aussi de réaliser des gelées salées (carotte, betterave, radis noir...). À manger seules, certes, c'est parfois un peu bizarre ; mais en entrée avec du fromage de brebis (feta, roquefort) ou de chèvre, c'est une toute autre chose !
Enfin, si les mélanges de fruits et de légumes ne sont pas toujours heureux, la carotte fait exception : elle se marie fort bien avec la pomme et l'orange.

Cuisson minimale. Pour préserver au mieux les vitamines, évitez de cuire les jus. Mais comme l'agar-agar ne prend pas sans ébullition (et ajouter de l'eau risque de noyer votre jus), limitez les dégâts en ne cuisant, dans une toute petite casserole, qu'une petite partie du jus dans laquelle vous aurez délayé l'agar-agar. Mélangez ensuite au reste du jus.

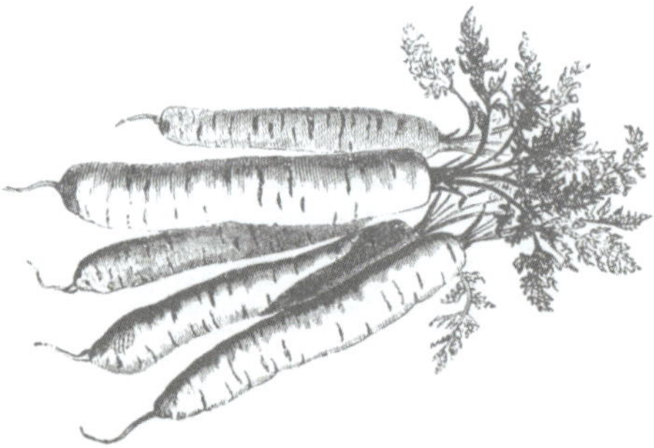

Tzatziki à la gelée de concombre

POUR 4 PERSONNES

1 concombre
100 g de feta
2 cuillères à soupe de fromage blanc
1 gousse d'ail coupée en tout petits morceaux
Quelques feuilles de menthe et de persil finement ciselées
1 cuillère à soupe de jus de citron
2 g d'agar-agar

• Pelez le concombre, passez-en les trois-quarts à la centrifugeuse pour en extraire le jus, coupez le reste en petits dés.

• Écrasez la feta avec le fromage blanc, le citron, l'ail, les cubes de concombre et les herbes, poivrez, mélangez bien.

• Faites bouillir le jus de concombre avec l'agar-agar, laissez frémir 2 minutes. Versez le jus pour recouvrir d'environ 1 cm le fond des ramequins, faites refroidir au congélateur.

• Lorsque la gelée est prise, remplissez les ramequins de crème de tzatziki puis recouvrez de jus de concombre.

• Laissez refroidir, mettez une heure au réfrigérateur.

Gelée de légumes variés

Pour faire le plein de vitamines, rien de tel qu'un petit cocktail de légumes bien frais en entrée. Là encore, vous pouvez faire jouer votre créativité, en commençant toujours par de petites quantités pour goûter l'équilibre des saveurs.

POUR UN RAMEQUIN

1 carotte
1 tomate
½ poivron rouge
1 branche de céleri
5 branches de persil
Agar-agar (1 g pour 25 cl de jus)

• Brossez les carottes mais ne les pelez pas, ôtez seulement les extrémités. Rincez tous les légumes, coupez-les en gros morceaux, et passez-les dans la centrifugeuse, sans rincer entre les légumes, puisqu'ils doivent se mélanger ! Enlevez seulement de temps en temps la chair restante, qui empêche un bon fonctionnement de l'appareil.

• Mesurez le jus pour déterminer la quantité d'agar-agar (1 g pour 25 cl). Selon votre goût, vous pouvez relever le tout avec un peu de sel de céleri, du poivre, un peu de piment d'Espelette en poudre, quelques gouttes de tabasco ou n'importe quelle autre épice.

• Prélevez environ 10 cl de jus, diluez-y l'agar-agar, faites bouillir 2 minutes.

• Mélangez au reste du jus, versez dans des ramequins, des verres ou des bols, laissez refroidir et mettez au réfrigérateur au moins une heure.

• Après démoulage, vous pouvez décorer en piquant dans la gelée un brin de persil ou une feuille de basilic, ou encore parfumer de quelques gouttes de vinaigre balsamique.

Attention aux quantités

Nous vous donnons les quantités pour un ramequin (équivalent d'un verre), mais vous avez intérêt à préparer une plus grande quantité, car comme une partie du jus doit bouillir avec l'agar-agar (et avec moins de 10 cl, ce sera difficile), autant que ce soit le moins possible, pour préserver au maximum les qualités nutritives du jus cru.

Gelée de pamplemousse au gingembre confit, coulis de fruits rouges

POUR 4 PERSONNES

50 cl de jus de pamplemousse
4 quartiers de pamplemousse
1 cuillère à soupe de sirop d'agave
3 g d'agar-agar
100 g environ de fruits rouges mélangés (frais ou surgelés)
4 feuilles de menthe
Un bulbe de racine de gingembre frais (ou du gingembre confit du commerce)
70 g environ de sucre en poudre

• Épluchez le gingembre, coupez-le en petits bâtonnets (environ 1 cm de long, 0,5 cm de section).

• Préparez un sirop en chauffant 60 g de sucre dans 20 cl d'eau. Quand il bout, ajoutez le gingembre et laissez cuire 15 minutes à feu doux en veillant que le sirop n'accroche pas au fond de la casserole (au besoin, ajoutez un peu d'eau).

• Délayez l'agar-agar dans 20 cl de jus de pamplemousse, portez à ébullition 2 minutes. Mélangez avec le reste du jus.

• Placez un quartier de pamplemousse au fond de chaque ramequin, recouvrez-les d'un peu de jus, laissez figer une minute ou deux au congélateur, incorporez les morceaux de gingembre, versez le reste du jus.

• Laissez refroidir, puis mettez au réfrigérateur au moins une heure.

• Quelques minutes avant de servir, chauffez les fruits rouges (encore gelés s'ils sont surgelés) dans une casserole, en les saupoudrant d'environ 10 g de sucre. Pressez-les légèrement pour qu'ils rendent un peu plus de jus, laissez cuire jusqu'à obtenir un sirop un peu épais.

• Démoulez les gelées, nappez de coulis de fruits rouges surmonté d'une feuille de menthe.

Gelée de fruits rouges

Les fruits rouges, surtout lorsqu'ils sont surgelés, rendent beaucoup de liquide en dégelant, et plus encore si vous les saupoudrez de sucre. Profitez de cette propriété pour préparer une délicieuse gelée. Il suffit de faire bouillir un peu du liquide avec de l'agar-agar, de mélanger avec le reste du liquide et les fruits, et de répartir dans des récipients individuels.

Gelée d'ananas à la menthe

La menthe se marie avec de nombreux fruits et en relève le goût. N'hésitez pas à adapter cette recette selon vos préférences.

POUR 4 PERSONNES

1 ananas (ou 60 cl de jus d'ananas)
4 cuillères à soupe de sirop d'agave
8 feuilles de menthe finement ciselées
3 g d'agar-agar

• Épluchez et coupez l'ananas en morceaux, extrayez le jus à la centrifugeuse jusqu'à obtenir 60 cl de jus... ou prenez tout simplement du jus d'ananas du commerce (100 % jus de fruits, sans sucre ajouté).

• Selon le degré de sucre désiré, ajoutez quelques cuillères de sirop d'agave. Mélangez bien.

• Prélevez une partie du jus (10 à 15 cl) que vous mettrez à bouillir 2 minutes avec l'agar-agar.

• Mélangez au reste du jus, ajoutez la menthe. Laissez refroidir, puis mettez au réfrigérateur.

Gelée de vin

Une gelée surprenante et facile à réaliser. Elle permet de « récupérer » des vins quelconques, mais aura plus de saveur si elle est faite avec un bon vin. Choisissez un rouge assez tanique et parfumé (syrah, médoc...), un blanc doux ou un vin doux (porto, madère, xérès, banyuls, etc.).
Ces gelées se marient très bien avec le foie gras, surtout celle de vin doux. Essayez-les aussi avec du fromage ou du poisson froid servi en entrée.

Pour 4 personnes

25 cl de vin
20 g de sucre en poudre (seulement 15 g pour un blanc doux, 10 g pour un vin doux de type muscat ou porto)
1 ou 2 g d'agar-agar selon la fermeté souhaitée
Si le vin est quelconque, ajoutez une graine de cardamome écrasée, un clou de girofle, un zeste d'orange, un peu de cannelle (comme pour le vin chaud).

• Mélangez le vin, le sucre et l'agar-agar, plus les autres ingrédients éventuels, portez à ébullition, laissez frémir au moins 5 minutes (pour laisser évaporer un peu d'alcool). Si le mélange vous semble trop fort, ajoutez un peu d'eau.

• Versez dans un bol, laissez refroidir, puis mettez au réfrigérateur. Pour servir, émiettez la gelée avec une fourchette.

Thés et infusions en gelée

Les gelées au thé sont assez intéressantes, d'autant plus que la grande variété de thés vous permet de ne pas tomber dans la routine ! **Jouez en particulier sur les thés parfumés** : au jasmin, à la vanille (spécialité de l'île Maurice), fumé (Lapsang Souchong), à la bergamote (Earl Grey).
Les infusions sont encore plus variées. Au-delà des classiques, verveine (plus parfumée si vous trouvez des feuilles fraîches ou séchées) et tilleul, on trouve dans le commerce des mélanges à profusion. **Pensez aussi au rooibos** (ou roïbos), plante d'Afrique du Sud improprement surnommé « thé rouge », puisqu'elle est totalement dépourvue de théine et pauvre en tanin.

Du sucre. Pour faire des desserts ou des goûters plaisants, il faudra cependant ajouter des ingrédients, en particulier sucrants, car en refroidissant, le thé devient plus amer. Le miel est l'un des meilleurs compléments : non seulement il ajoute un goût (différent selon le miel), mais les gelées de thés au miel peuvent aussi accompagner les fromages de chèvre ou de brebis. Enfin, **osez les mélanges** : avec du lait, bien

Version flan

Si vous appliquez les mêmes recettes avec du thé en sachet infusé dans du lait que vous sucrez et faites ensuite bouillir avec l'agar-agar, vous obtiendrez… des flans au thé.

sûr, mais aussi du jus de fruits, de la vanille ou des feuilles de menthe à faire infuser, etc.

En pratique. La proportion d'agar-agar est de **2 g par demi-litre**. Faites infuser le thé normalement, puis mettez-en une partie à bouillir avec l'élément sucrant et l'agar-agar, laissez frémir deux minutes, mélangez au reste du thé et aux autres ingrédients éventuels, versez dans des récipients individuels (tasses, ramequins). Laissez refroidir, puis placez au réfrigérateur au moins une heure.

Gelée de thé à la menthe. Le thé à la menthe traditionnel, très sucré, se prête très bien à la gelée. Préparez-le selon la recette classique : mettez dans la théière le thé vert, les feuilles de menthe et le sucre, versez l'eau bouillante, mélangez. Après infusion, tenez la théière 20 ou 30 cm au-dessus d'un grand verre ou d'un bol, et faites couler lentement le thé, pour bien mélanger les saveurs et le sucre. Reversez dans la théière et recommencez l'opération plusieurs fois. Puis, mettez une partie du thé à bouillir 2 minutes avec l'agar-agar, mélangez-le au reste et répartissez dans les récipients.

Les terrines et aspics

Pour un résultat spectaculaire !

Ces préparations sont intéressantes à expérimenter avec l'agar-agar, en particulier parce qu'il s'agit de recettes auparavant rarement réalisées, car elles semblaient longues et compliquées. Le résultat est pourtant assez spectaculaire sur la table et elles sont beaucoup plus rapides et faciles à réaliser qu'il n'y paraît. Contrairement à l'image que l'on s'en fait, les terrines peuvent être très légères. Et bien sûr, elles sont accessibles à tous ceux qui, pour une raison ou une autre, bannissent la gélatine de leur table.

Terrine, aspic : quelle différence ? En fait, la mauvaise réputation des terrines dans les régimes minceur tient surtout au fait qu'on les assimile souvent à des pâtés bien gras, à base de porc. Les aspics, moins connus, ont un peu meilleure presse. Mais quelle est la différence ? Si l'on en croit les définitions des dictionnaires culinaires, la terrine est un pâté cuit au bain-marie, alors que l'aspic est un plat à base de poisson, de viande ou d'œuf moulés dans une gelée.
Les terrines à l'agar-agar seraient donc plutôt des aspics… mais qui peuvent aussi être confectionnés avec des légumes. En fait, il s'agit d'un assemblage d'ingrédients liés par une gelée. On peut ainsi créer toutes sortes de terrines ou d'aspics, à base de poissons, de volailles, de viandes, ou de légumes seuls et, grâce à l'agar-agar, sans calories supplémentaires.

En pratique. Le petit truc : la terrine doit pouvoir être coupée en tranches. Tous les ingrédients doivent donc être suffisamment cuits, et la gelée assez ferme : **n'hésitez pas à forcer un peu la dose d'agar-agar par rapport à la « norme » : plutôt 3 g pour un demi-litre de liquide.** Et utilisez un couteau de cuisine bien coupant ou un couteau électrique.

Nous avons choisi quelques recettes qui vous permettront de réaliser des entrées ou des plats d'été, certaines très rapides à faire, d'autres un peu plus élaborées. Toutes peuvent être accompagnées de vinaigrette, sauce béarnaise, mayonnaise… pour celles et ceux qui ne sont pas au régime. Sinon, pensez aux sauces à base de fromage blanc à 0 % et d'herbes (persil, ciboulette) ou, pour celles à base de viandes, d'un peu de moutarde. Mais ces plats sont aussi très bons tout seuls !

La deuxième vie du pot-au-feu

Encore une bonne façon d'accommoder des restes : la terrine de pot-au-feu. Coupez les morceaux de viande et de légumes en cubes (ne mettez pas les pommes de terre), réchauffez le reste de bouillon (sans vermicelles !), délayez l'agar-agar (2 ou 3 g pour un demi-litre), faites bouillir 2 minutes, versez dans une terrine avec viandes et légumes, laissez refroidir, mettez au réfrigérateur. Démoulez, coupez en tranches et servez avec des cornichons, une vinaigrette persillée, une sauce tartare…

Terrines de légumes

La base des terrines de légumes est la même que celle des flans, à partir de purées (lire page 73), mais moulées dans un plat rectangulaire (terrine ou moule à cake) avec, entre les couches de purée, des légumes cuits, entiers ou coupés en morceaux.
Vous pouvez choisir toutes sortes de légumes, frais ou surgelés (vous pouvez aussi utiliser des purées surgelées, souvent excellentes), mais il vous faudra forcément ajouter quelques légumes frais, en particulier des carottes et des blancs de poireaux, cuits à la vapeur jusqu'à ce qu'ils soient bien tendres.

Préparation

• Préparez des purées de légumes (carottes, panais ou navets, fonds d'artichauts surgelés... ou autres), éventuellement additionnées d'un peu de lait si elles vous semblent trop épaisses.

• Faites dissoudre l'agar-agar dans un peu d'eau ou de lait, à raison de **2 g de poudre pour 500 g de purée**. Portez à ébullition, laissez bouillir 2 minutes, puis mélangez intimement à chaque purée.

• Superposez ces purées en couches en disposant, entre elles, les légumes cuits entiers ou coupés en morceaux (poireaux, carottes, petits pois en boîte, poivrons rouges pelés en boîte), selon votre fantaisie.

• Dans un peu de bouillon de cuisson des légumes (riche en vitamines), **délayez encore 2 g d'agar-agar**, faites bouillir 2 minutes, puis imprégnez-en la terrine. Vous obtiendrez ainsi une préparation bien ferme que vous pourrez découper au couteau.

• Laissez refroidir, puis placez au réfrigérateur pendant au moins une heure, avant de servir et de découper.

Terrine de ratatouille niçoise

Les amateurs de ratatouille savent que ce plat est aussi bon froid que chaud… À condition qu'il s'agisse de vraie ratatouille !

RÉUSSIR SA RATATOUILLE

Dans la vraie ratatouille niçoise, chaque légume est cuit séparément, dans un peu d'huile d'olive, le mélange se faisant au dernier moment. Les légumes doivent être coupés en morceaux assez petits. Si vous n'avez pas de tomates de jardin au vrai goût de tomate (donc, uniquement l'été), utilisez des dés de tomates en boîte. Ramassées à maturité, elles ont davantage de goût que les tomates d'hiver cultivées sous serre. Et elles sont pelées !

• Faites revenir les oignons dans une poêle, ajoutez la tomate, un bouquet garni, une gousse d'ail passée au presse-ail, et faites cuire à petit feu, comme une sauce tomate, pendant la cuisson des autres légumes.

• Pour éviter une ratatouille trop grasse, faites revenir les courgettes dans un peu d'huile, avec un peu d'ail, puis cuisez à couvert. Pour les aubergines, qui sont de vraies éponges, utilisez de préférence un wok : couvert, il permet une cuisson rapide et régulière, sans trop de matière grasse. Les légumes doivent être bien tendres.

• Mettez les poivrons au four, coupés en lanières avec un peu d'huile au fond du plat. Vous pourrez ainsi facilement les peler, une fois cuits.

En flan aussi

Vous pouvez aussi accommoder votre reste de ratatouille en flan. pour cela, il suffit de passer les légumes au mixeur et d'y ajouter le jus bouilli avec l'agar-agar.

• Mélangez les légumes dans une cocotte et laissez cuire encore un peu, à découvert, pour éliminer le surplus d'eau. Le jus doit être court… mais ne laissez pas le fond accrocher.

Transformer la ratatouille froide en terrine

• Recueillez le jus au fond du plat, ajoutez un peu d'eau si nécessaire, mettez à bouillir avec l'agar-agar (**3 g pour 500 g de ratatouille**), laissez frémir 2 minutes. Mélangez la moitié du jus à la ratatouille froide.

• Tassez la ratatouille dans des ramequins, recouvrez du reste de jus à l'agar-agar. Laissez refroidir, puis placez au réfrigérateur.

• Démoulez la ratatouille sur les assiettes. Décorez, si la saison le permet, d'une feuille de basilic frais.

Aspic de saumon aux carottes

Pour 4 personnes

400 g de filet de saumon frais
2 carottes
2 oignons
2 gousses d'ail
½ bouteille de vin blanc sec (37,5 cl)
3 cuillères à soupe de persil plat haché grossièrement
1 clou de girofle, 1 branche de thym, 1 feuille de laurier
Sel, poivre
3 g d'agar-agar

• Épluchez carottes et oignons, puis coupez-les en rondelles.

• Écrasez les gousses d'ail au presse-ail.

• Faites bouillir le vin blanc, ajoutez-y l'ail, le thym, le laurier et le clou de girofle, salez, poivrez, couvrez la casserole et laissez cuire une dizaine de minutes à feu doux.

• Ajoutez 20 cl d'eau, faites reprendre l'ébullition.

• Ajoutez les carottes et l'oignon, laissez cuire à nouveau jusqu'à ce que les carottes soient bien tendres. Laissez un peu refroidir. Pendant ce temps, pochez les filets de saumon dans de l'eau bouillante salée, ou faites-les cuire à la vapeur.

• Égouttez le saumon, effeuillez-le.

• Retirez le thym, le laurier et le clou de girofle de la casserole contenant carottes et oignons, délayez-y l'agar-agar, puis faites bouillir le tout 2 minutes.

• Ajoutez les morceaux de saumon et le persil, mélangez, puis versez le tout dans un saladier en répartissant saumon et légumes, qui doivent affleurer le liquide. Au besoin, éliminez le surplus ou, au contraire, ajoutez un peu d'eau.

• Laissez refroidir, puis mettez au réfrigérateur pendant au moins une heure.

• Démoulez la terrine sur un plat. Vous pouvez la servir telle quelle ou avec une sauce tartare.

Aspic de saumon à l'avocat

Pour 4 personnes

350 g de filets de saumon frais
1 bel avocat
1 boîte de 80 g d'œufs de saumon
1 litre de court-bouillon, avec ou sans vin blanc ou un peu de madère selon votre goût
3 cuillères à soupe de ciboulette hachée (hors saison, pensez à la ciboulette surgelée)
Poivre, sel
3 g d'agar-agar

• Épluchez l'avocat. Coupez la chair en tranches fines des deux côtés du noyau, puis coupez ces tranches en deux. Découpez le reste de la chair en petits dés. Citronnez légèrement.

• Faites pocher les filets de saumon dans le court-bouillon, égouttez-les et coupez-les en morceaux.

• Filtrez 50 cl de court-bouillon – ne jetez pas le reste pour l'instant –, versez-le dans une casserole, poivrez, rectifiez l'assaisonnement (salez si nécessaire), délayez l'agar-agar. Mettez à bouillir 2 minutes.

• Versez un doigt de mélange dans un moule à terrine ou un saladier, puis mettez-le au congélateur pour que la gélification s'opère en quelques minutes.

• Pendant ce temps, maintenez le reste du bouillon sur feu doux pour qu'il ne refroidisse pas.

• Lorsque le gel est pris dans la terrine, déposez une couche de tranches d'avocat, puis un peu d'œufs de saumon, une couche de filets de saumon et de dés d'avocat parsemée de ciboulette, versez du liquide jusqu'à ce qu'il arrive un peu au-dessus du mélange.

• Remettez au congélateur jusqu'à gélification, et ainsi de suite, jusqu'à ce que le liquide recouvre les derniers morceaux. Si la quantité prévue au départ se révèle insuffisante, complétez avec un peu de court-bouillon filtré et bouilli avec une pincée d'agar-agar.

• Laissez refroidir, puis mettez au réfrigérateur pendant au moins une heure.

Aspic de poulet à l'ananas

Le poulet se prête bien aux mélanges sucré-salé ; son association avec l'ananas est courante dans les pays asiatiques.

POUR 4 PERSONNES

2 cuisses de poulet fermier
1 blanc (ou deux escalopes) de poulet fermier
4 fines tranches d'ananas frais
1 cube de bouillon de volaille
1 cube de bouillon de légumes
12 amandes (sans la coque)
2 cuillères à soupe de zeste de citron (bio) coupé fin
2 gousses d'ail
1 douzaine de brins de coriandre
5 à 6 g d'agar-agar

• Délayez les cubes de bouillon dans 1,5 litre d'eau.

• Enlevez la peau des cuisses de poulet et mettez-les à cuire dans le bouillon avec le blanc, les gousses d'ail entières, le zeste de citron, les tiges de coriandre (sans les feuilles). Poivrez. Le poulet doit être bien relevé.

• Laissez cuire jusqu'à ce que le poulet soit bien tendre (au moins 30 minutes). Rectifiez l'assaisonnement (salez si le bouillon ne suffit pas).

• Pendant ce temps, concassez grossièrement les amandes, ciselez finement les feuilles de coriandre.

Astuce

Veillez à ce que chaque couche soit bien gélifiée. Sinon, l'aspic risque fort de se défaire lorsque vous le couperez après l'avoir démoulé.

• Enlevez la peau et le centre des tranches d'ananas, coupez-les en petits morceaux. Pressez-les légèrement sur une assiette pour leur faire rendre un peu de jus.

• Égouttez le poulet, coupez la chair en petits morceaux.

• Ajoutez le jus d'ananas au bouillon, puis faites réduire celui-ci ou, au contraire, ajoutez un peu d'eau, de façon à en récupérer environ 1 litre. Ôtez l'ail et les tiges de coriandre. Délayez l'agar-agar dans le bouillon, faites bouillir 2 minutes.

• Avec le bouillon, couvrez le fond d'une terrine à hauteur d'1 cm, ajoutez des morceaux de poulet et d'ananas, parsemez de coriandre et d'amandes. Laissez prendre au congélateur, pendant que vous maintenez le reste du bouillon à feu doux.

• Quand le gel a pris, versez une autre couche de bouillon et recouvrez-la des mêmes ingrédients. Placez au congélateur, laissez gélifier, puis recommencez jusqu'à épuisement des ingrédients. Laissez refroidir et placez au réfrigérateur.

Aspic de lapin

Le lapin est une viande maigre, comme les volailles ; et comme cette recette utilise très peu de sucre (seulement celui contenu dans le vin, que vous pouvez remplacer par du bouillon de volaille) et aucune graisse, elle est spécialement indiquée pour les régimes… pas tristes.

Pour 4 personnes

500 g de râble de lapin en morceaux
200 g de carottes
50 g d'échalotes
1 petite branche de céleri
10 grains de coriandre et/ou 5 brins de coriandre fraîche
1 bouteille de vin blanc sec ou rosé
1 petite cuillère de zestes d'orange et de citron râpés
1 pincée d'estragon haché (frais ou surgelé)
2 pincées de piment d'Espelette (ou 1 pincée de piment fort)
2 g d'agar-agar

• Épluchez et râpez les carottes (avec une râpe à main ou électrique « râpé gros »).

• Hachez finement l'échalote et le céleri.

• Dans une cocotte, placez les morceaux de lapin, les carottes râpées, l'échalote et le céleri, les grains de coriandre et/ou les branches de coriandre entières. Versez le vin jusqu'à ce qu'il recouvre le lapin. Ajoutez le piment, un peu de sel et de poivre en goûtant la marinade, qui doit être bien relevée. **Laissez mariner au moins 12 heures.**

• Mettez la cocotte sur feu doux et laissez cuire à couvert pendant une heure environ (jusqu'à ce que le lapin soit bien cuit). À mi-cuisson, ajoutez les zestes d'agrumes.

• Retirez les morceaux de lapin, désossez-les et coupez-les en cubes. Si vous aviez les abats, découpez les rognons en fines tranches, hachez le foie et délayez-le dans la sauce. Faites cuire la sauce jusqu'à ce que les carottes soient bien cuites.

• Passez la sauce et mesurez-en la quantité dans un verre doseur. Ajoutez éventuellement de l'eau pour obtenir 35 cl de liquide. Délayez-y l'agar-agar.

• Remettez tous les ingrédients et le liquide dans la cocotte, ajoutez l'estragon, portez à ébullition, puis laissez cuire à feu doux 5 minutes.

• Versez le mélange dans une terrine ou un moule à cake, en répartissant bien les ingrédients. Laissez refroidir, puis placez au réfrigérateur au moins une heure.

• Vous pouvez ensuite démouler la terrine ou non. Servez avec de la fleur de sel et des cornichons.

Œufs en gelée

Dans la série des grands classiques revisités, essayez les œufs en gelée. Comme dans la recette normale, le plus difficile à réussir est la cuisson et la présentation des œufs. Vous pouvez les faire mollets, dans leur coquille, ou pochés dans de l'eau vinaigrée frémissante.

Dans les deux cas, **il est impératif d'utiliser des œufs de qualité (œufs de poules élevées en plein air) et, surtout, très frais**. Sinon, dans le premier cas, vous n'arriverez pas à détacher correctement la coquille et dans le second, le blanc va s'effriter dans l'eau de cuisson.

Quant à la gelée, elle sera bien sûr différente de celle réalisée à la gélatine. **Pour obtenir une gelée assez ferme, la dose d'agar-agar a été augmentée.**

Pour 4 œufs

1 cube de bouillon de légumes
50 cl d'eau
4 g d'agar-agar

• Faites cuire les œufs (avec ou sans leur coquille) dans de l'eau vinaigrée bouillante, environ 4 minutes sans coquille, 5 à 6 minutes avec.

• Retirez-les de l'eau à l'écumoire, laissez-les refroidir. Si vous les avez fait cuire avec la coquille, enlevez-la.

• Pendant ce temps, délayez l'agar-agar dans le bouillon de légumes, portez à ébullition, laissez frémir 2 minutes.

• Versez 1 cm de bouillon au fond des ramequins, faites prendre au congélateur. Laissez frémir le reste du bouillon sur le feu.

• Quand la gelée est prise (en quelques minutes), déposez un œuf dans chaque ramequin, recouvrez avec le reste du bouillon. Laissez refroidir, puis placez au réfrigérateur.

Recettes de fête

Si vous voulez corser votre gelée, ajoutez au bouillon quelques cuillères à soupe de madère ou de porto (la gelée prendra une belle couleur ambrée), de vin blanc (sec ou doux) ou rouge (c'est très bon, mais l'ensemble sera noyé dans le rouge !). Pour une recette de fête, vous pouvez aussi ajouter dans la gelée des lanières de saumon fumé et quelques feuilles de persil, des copeaux de foie gras ou de fines tranches de truffe.

Les flans

Faciles, légers et variés

Les flans sont les préparations à l'agar-agar les plus faciles à réussir, et leur variété est infinie. Nous incluons dans cette catégorie non seulement les préparations à base de lait (animal ou végétal, tel que lait de coco, de soja, de riz, etc.), mais aussi celles à base de purées de fruits et/ou de légumes, avec ou sans lait.

La différence avec les flans traditionnels, c'est que **vous pourrez vous passer d'œufs et avoir une tenue parfaite permettant de les démouler**.

Outre leur légèreté, les flans à l'agar-agar donneront ainsi à vos repas un côté ludique… et chic si, une fois ceux-ci démoulés, vous les nappez de sauce ou de crème, ou encore ajoutez au-dessus quelques ingrédients plus solides (morceaux de fruits, crevettes, etc.). **L'effet sur vos convives est assuré !**

Les recettes que nous vous proposons dans les pages suivantes ne sont que des exemples. N'hésitez pas à innover avec toutes sortes de fruits, de légumes (aussi bien frais que surgelés), d'épices et autres ingrédients !

Les yaourts aussi

Si vous réalisez vous-mêmes vos yaourts à la yaourtière, vous avez peut-être été un peu déçu par leur consistance, moins ferme que ce que vous souhaiteriez. C'est que les industriels ajoutent souvent un épaississant à leur préparation ! Alors, faites comme eux : diluez 1 g d'agar-agar dans un peu de lait, faites bouillir deux minutes, versez le tout dans le reste de votre préparation, puis faites vos yaourts normalement. En refroidissant, ils devraient être bien plus fermes qu'auparavant.

Flans au lait. Pour confectionner un flan « de base », **délayez 2 g d'agar-agar par demi-litre de lait**, portez celui-ci à ébullition et laissez chauffer 2 minutes. Aromatisez-le à votre guise (sirop, vanille en gousse ou en extrait, épices telles que la cannelle, par exemple), versez dans des ramequins, laissez refroidir puis placez-les au réfrigérateur pendant au moins une heure, recouverts d'un film plastique.

Flans « purées ». Les flans aux légumes sont tout simplement… des purées, auxquelles vous pouvez intégrer du lait animal ou végétal. Mais vous pouvez aussi vous en passer. Il en va de même pour les flans réalisés à base de purées de fruits (à ne pas confondre avec les gelées, à base de jus de fruits !). **Le dosage est de 2 g d'agar-agar pour 500 g de purée** ; vous obtiendrez une consistance plus fondante que celle des flans au lait. Cette onctuosité est, à notre avis, particuliè-

Le bon mixeur

Pour réaliser une purée, vous pouvez utiliser un bon vieux presse-purée à main ou un robot ménager, mais vous ne couperez pas à la corvée de nettoyage. Le plus efficace et le plus pratique est d'investir (si vous ne le possédez pas déjà) dans un mixeur plongeur à main (on en trouve à partir d'une vingtaine d'euros), que vous pourrez utiliser aussi bien dans les casseroles que dans les plats de toute sorte.

rement agréable pour ces préparations. **Mais si vous préférez une consistance plus ferme, il suffit d'ajouter 1 g d'agar-agar.**

En pratique. Si votre flan est à base de purée de légumes, vous pouvez directement mélanger l'agar-agar à cette purée et la faire chauffer à feu assez vif pendant 2 minutes. Si vous ajoutez du lait ou du bouillon, comme dans certaines recettes, mieux vaut dissoudre la poudre dans le liquide, faire bouillir celui-ci deux minutes et opérer le mélange après.

Quant aux purées de fruits, qui ne doivent généralement pas cuire, **la meilleure solution consiste aussi à faire bouillir l'agar-agar dans un peu de liquide** (dans du lait si vous en ajoutez, ou un peu de jus prélevé au fond de la purée de fruit, ou simplement un peu d'eau) et de bien mélanger ensuite à la préparation. Pour éviter de « cuire » les fruits, vous pouvez attendre que le liquide refroidisse un peu avant de le mélanger… mais n'attendez pas trop, sinon il se mettra à gélifier !

Un flan à la soupe. Un reste de soupe de légumes ? Resservez-le le lendemain… sous forme d'entrée froide. Il suffit de le réchauffer, d'y ajouter la bonne proportion d'agar-agar, et éventuellement, un peu de crème allégée ou de crème de soja (fouettez-la, et vous obtiendrez non plus un flan, mais une mousse, lire page 88), du fromage râpé… Laisser refroidir dans des ramequins, puis au réfrigérateur. Vite fait, bien fait, surprenant et délicieux.

Flan de betterave épicé

Pour 4 personnes

300 g de betteraves rouges cuites (environ deux betteraves)
1 oignon rouge
1 petit fenouil (ou la moitié d'un gros)
1 cube de bouillon de volaille (dégraissé pour une recette vraiment « maigre »)
8 à 10 pincées de gingembre en poudre (moins si vous utilisez du gingembre frais râpé)
5 ou 6 pincées de noix de muscade râpée
Poivre
1 cuillère à soupe d'huile
2 g d'agar-agar

• Hachez l'oignon et le fenouil, faites-les revenir dans une casserole ou une cocotte avec l'huile.

• Pendant ce temps, délayez le cube de bouillon de volaille dans 25 cl d'eau chaude.

• Coupez les betteraves en petits dés.

• Dans la casserole, ajoutez le bouillon et les cubes de betterave.

• Laissez mijoter 15 minutes.

• Ajoutez poivre, gingembre et muscade (en principe, le bouillon est assez salé).

• Mixez le tout jusqu'à obtenir une purée lisse. Si elle est trop épaisse, ajoutez un peu d'eau chaude.

• Ajoutez l'agar-agar et mixez encore quelques secondes.

L'huile de noix

Riche en oméga 3 et en oméga 6, c'est une huile au goût puissant : n'en mettez pas trop. Cela tombe bien, car elle est chère. Au besoin, mélangez-la à de l'huile de colza, elle aussi source d'oméga 3, et au goût neutre.

• Remettez sur le feu et faites bouillir 2 minutes.

• Versez la préparation dans des ramequins, laissez refroidir, puis mettez-les au réfrigérateur au moins une heure.

• Démoulez sur des assiettes. Vous pouvez ajouter sur chaque flan un cerneau de noix et servir avec une salade de mâche vinaigrette (de préférence à l'huile de noix).

Flan de brocoli au parmesan

POUR 4 PERSONNES

Environ 300 g de bouquets de brocolis (frais ou surgelés) ou 400 g de purée de brocolis surgelée.
1 cube de bouillon de volaille ou de bœuf.
Un morceau de parmesan pas trop dur.

• Faites cuire les brocolis, de préférence à la vapeur, puis réduisez-les en purée au mixeur.

• Faites dissoudre le cube de bouillon dans un quart de litre d'eau, ajoutez l'agar-agar, faites bouillir 2 minutes.

• Râpez un peu de parmesan, découpez quelques copeaux fins dans le reste du morceau.

• Mélangez bien la purée de brocolis, le parmesan râpé et le bouillon à l'agar-agar.

• Dans le fond des ramequins, déposez quelques copeaux de parmesan, puis recouvrez du mélange.

• Laissez refroidir, puis mettez au réfrigérateur au moins une heure. Démoulez pour servir.

Flans multicolores

À partir de la recette de « flans purées » (voir page 73), vous pouvez confectionner des flans multicolores (et, surtout, « multigoûts ») en superposant des couches de purées de légumes différents. Tomate ou poivron pour le rouge, céleri ou chou-fleur pour le blanc, brocolis ou haricots pour le vert, potiron ou carotte pour l'orangé…

Préparation

• Superposez les légumes dans les paniers d'un cuit-vapeur, ce qui permettra de ne pas mélanger les goûts, de conserver un maximum de vitamines, et de cuire chacun selon le temps nécessaire. **Ils doivent être bien tendres pour être facilement réduits en purées.** Si vous n'avez pas de légumes frais sous la main, pensez aux purées surgelées.

• Ensuite, procédez par étapes, légume par légume. Afin que les purées ne se mélangent pas, **chaque couche doit être refroidie** pour que la gélification ait commencé avant de placer la couche suivante au-dessus.

• Pour cela, mélangez la dose d'agar-agar correspondant à la première purée dans un peu d'eau de cuisson, mixer le tout avec la purée, disposez au fond du ou des moules et mettez à refroidir au congélateur quelques minutes. Puis recommencez avec la deuxième purée, et ainsi de suite…

Flans de tomate à volonté

Pour la tomate, vous avez vraiment l'embarras du choix, du plus simple au plus compliqué !

VERSION SIMPLE

• Vous prenez une brique de coulis de tomate ou un bocal de chair de tomates, vous faites bouillir 2 minutes avec l'agar-agar (conservez à peu près la proportion : **500 g de produit, 2 g de poudre**). Versez dans les ramequins, laissez refroidir, mettez au réfrigérateur... et c'est tout.

• L'intérêt, c'est que vous n'aurez pas le même goût avec le coulis, déjà cuit, qu'avec la chair, crue dans le bocal – peu cuite dans la préparation – ou le jus de tomates. Le premier flan sera le bienvenu avec des viandes chaudes (vous pouvez le faire tiédir au micro-ondes, pas trop chaud et pas trop longtemps), le second avec du jambon, du poulet froid, etc.

• **Pour obtenir un flan plus gélifié,** vous pouvez délayer la tomate avec du bouillon de volaille ou de légumes en cube.

POUR EN FAIRE PLUS...

• La version la plus compliquée (et surtout la plus longue) consiste à faire vous-même un coulis ou une sauce tomate, avec oignons, ail, herbes de Provence, que vous laisserez mijoter longtemps, et que vous pourrez ensuite mixer pour obtenir une purée, ou laisser tel quel, avec les morceaux d'oignons.

• Entre les deux, vous pouvez bien sûr améliorer le coulis, la purée ou les tomates concassées du commerce avec de l'ail et des herbes, voire des pignons de pin concassés. En saison, introduisez par exemple au dernier moment dans la préparation du basilic haché (il ne doit pas cuire pour conserver plus de saveur).

• Autre idée : mixez la préparation avec un peu de purée d'anchois (toute faite ou préparée maison), ornez le flan démoulé d'une feuille de basilic, et vous obtiendrez une entrée fraîche et goûteuse pour l'été.

Testez le flan « bloody Mary »

La recette : jus de tomate, sel de céleri, un trait de sauce Worcester, quelques gouttes de Tabasco (sauce au piment à doser selon votre goût). Gardez la même proportion d'agar-agar, que vous ferez bouillir dans un peu de jus de tomates, ajouté au reste du mélange après l'avoir laissé un peu refroidir. Vous pouvez vous en tenir là… ou épicer d'un peu de vodka, pour obtenir le vrai « bloody Mary » – inventé, paraît-il, par Ernest Hemingway – en version flan !

Flan de merlan au céleri

Ce flan à deux étages, véritable plat complet (mais en entrée !) permet de marier sans les mélanger les saveurs du poisson et du céleri.

Pour 4 personnes

450 g de filets de merlan
1 sachet de court-bouillon pour poissons (ou un court-bouillon fait maison, bien sûr !)
½ céleri-rave (ou 250 g de purée de céleri surgelée)
20 cl de crème de soja
1 ou 2 pincées de curry en poudre
Gingembre frais râpé (ou en poudre)
4 g d'agar-agar

Le céleri

• Épluchez le céleri, coupez-le en morceaux et faites-le cuire à l'eau ou à la vapeur.

• Réduisez-le en purée petit à petit pour obtenir 250 g.

• Délayez 2 g d'agar-agar dans la crème de soja, portez à ébullition pendant 2 minutes.

• Mélangez la crème, la purée et le curry.

• Garnissez le fond des ramequins et laissez refroidir (il doit y avoir moins de céleri que de merlan dans chaque ramequin).

Le merlan

• Préparez un court-bouillon dans de l'eau tiède, plongez-y les filets de merlan, portez à ébullition et faites cuire quelques minutes. La chair doit s'effriter facilement.

• Émiettez le merlan (il sera plus facile à mixer, et vous pourrez repérer et enlever les arêtes qui seraient éventuellement restées dans les filets), et mettez-le dans le bol du mixeur avec une ou deux pincées de curry.

• Prélevez 20 cl de court-bouillon filtré, versez-les dans une petite casserole, délayez l'agar-agar, portez à ébullition pendant 2 minutes.

• Ajoutez le bouillon dans le mixeur avec le poisson, réduisez celui-ci en purée. Si le mélange vous paraît trop compact, ajoutez un peu d'eau du court-bouillon et mixez à nouveau jusqu'à obtenir la bonne consistance.

• Versez la préparation dans les ramequins, sur le céleri.

• Laissez refroidir, puis placez les ramequins au réfrigérateur pendant au moins une heure, recouverts d'un film plastique (pour protéger le réfrigérateur des odeurs de poisson !).

Flan banane noix de coco

Pour 4 personnes

4 bananes bien mûres
40 cl de lait de coco
4 cuillères à soupe de poudre de noix de coco
4 cuillères à soupe de rhum
2 g d'agar-agar

• Pelez les bananes. Gardez-en une demie que vous couperez en rondelles pour la décoration.

• Mixez le reste avec la poudre de noix de coco, la moitié du lait de coco et le rhum.

• Mélanger l'agar-agar à l'autre moitié du lait de coco et faites bouillir 2 minutes. Laissez un peu refroidir avant de mélanger avec le reste de la préparation, de préférence au mixeur pour une meilleure homogénéité.

• Versez le mélange dans des ramequins et mettez-les au réfrigérateur pendant au moins une heure.

• Démoulez sur des assiettes, puis posez sur le flan une ou deux tranches de banane. Pour un dessert plus gourmand, saupoudrez de poudre de coco et nappez d'un peu de sirop d'agave, de miel ou de sirop d'érable.

Blanc-manger

Les premières recettes de blanc-manger remontent au XVIIe siècle… et sont très différentes. Presque toutes contiennent des amandes. En voici une version légère.

POUR 4 PERSONNES

½ litre de lait demi-écrémé ou de lait de soja
4 cuillères à soupe de poudre d'amande
2 cuillères à soupe de miel
Pour parfumer, vanille ou eau de fleur d'oranger

• Mélangez le lait, l'agar-agar et le parfum, portez à ébullition, laissez frémir 2 minutes en remuant.

• Versez dans des ramequins, laissez refroidir, puis placez au réfrigérateur au moins deux heures.

Version antillaise

Le blanc-manger est aussi très populaire aux Antilles, où on le prépare à la noix de coco. Dans ce cas, remplacez simplement le lait par du lait de coco dans lequel vous introduirez de la crème de coco, et la poudre d'amande par de la noix de coco râpée. Pour ne pas masquer le goût, vous pouvez aussi remplacer le miel par du sucre de canne.

Les mousses

Une consistance si légère...

Même si la différence est parfois subtile, les mousses se distinguent des flans et des crèmes par leur consistance plus... mousseuse. Celle-ci sera obtenue en incorporant aux ingrédients principaux (purées de poisson, de légumes, de fruits) un autre ingrédient battu : blanc d'œuf, crème fraîche (entière ou allégée), crème de soja, tofu soyeux...
Plus légères en consistance, les mousses sont en revanche généralement plus caloriques que les flans. Elles sont aussi à la base de gâteaux tels que les charlottes et les bavarois, dont les recettes sont également citées ici.

Préparation. La proportion d'agar-agar est la même que pour les flans : **2 g pour 50 cl ou 500 g environ de préparation.** Ne forcez pas la dose, sous peine d'obtenir une mousse trop compacte, qui ne ressemblera plus trop à une mousse ! On l'ajoutera soit directement dans la purée (pour les légumes, par exemple), soit dans un peu de lait animal ou végétal qu'on fera bouillir 2 minutes.
Il est possible que la mousse soit un peu difficile à démouler. **Pour éviter de rater votre présentation, le mieux est encore de la laisser dans son récipient**, que vous choisirez transparent (pour la vue !) : petits ramequins, verres, verrines, etc.

Mousse de melon au jambon

Une variante surprenante de la célèbre entrée italienne *melone con proscuitto*, à consommer bien fraîche.

Pour 4 personnes

500 g de chair de melon
4 tranches de jambon de Parme coupées fin, à l'italienne
2 blancs d'œuf
Sel, poivre
3 g d'agar-agar

- Mixez le melon, poivrez généreusement, salez peu.

- Hachez finement le jambon, mélangez-le au melon.

- Montez les blancs d'œuf en neige ferme.

- Délayez l'agar-agar dans 10 cl d'eau, portez à ébullition 2 minutes, puis incorporez-le à la préparation.

- Mélangez-y délicatement le blanc d'œuf.

- Versez dans quatre ramequins, laissez refroidir et placez au réfrigérateur pendant 1 heure ou 2.

Mousse d'avocat

Pour réussir cette recette, il vous faut des avocats bien mûrs, faciles à réduire en purée. Certes, cette purée est déjà assez compacte et on peut se demander ce que l'agar-agar va vraiment lui apporter. Eh bien justement : si l'avocat, fruit oléagineux, n'est pas vraiment un aliment minceur, cette préparation vous permettra d'éviter l'ajout d'huile ou de mayonnaise. Au contraire, vous allez le mélanger avec un liquide maigre monté en mousse, qui le rendra plus léger… sans le transformer en soupe.

POUR 4 PERSONNES

2 avocats bien mûrs
½ citron
10 cl de crème de soja
2 g d'agar-agar

• Coupez les avocats en deux, ôtez le noyau, prélevez la chair à la petite cuillère et mettez-la dans le bol d'un mixeur.

• Montez la crème de soja au mixeur ou au fouet jusqu'à obtenir une mousse bien ferme.

• Pressez le jus d'un demi-citron, versez-le dans une petite casserole avec 10 cl d'eau, délayez-y l'agar-agar, portez à ébullition et maintenez sur le feu 2 minutes.

• Ajoutez le jus de citron et la crème battue dans le bol du mixeur avec l'avocat et réduisez le tout en purée.

• Versez le mélange dans des ramequins et placez ceux-ci 2 heures au réfrigérateur.

Variantes

À partir de cette recette de base, voici quelques variantes intéressantes, qui peuvent d'ailleurs être en partie combinées. N'hésitez pas à en inventer d'autres !

• ***Mousse guacamole.*** Dans le bol du mixeur, ajoutez un sachet de poudre pour guacamole (ou la moitié si vous ne l'aimez pas trop fort) avant de mélanger.

• ***Mousse au crabe.*** Dans le bol du mixeur, ajoutez une boîte de miettes de crabe. Si vous préférez sentir les morceaux de crabe dans la préparation, ajoutez les miettes après mixage.

• ***Mousse au thon.*** Même préparation que pour la recette précédente... mais avec une boîte de thon au naturel.

• ***Version méditerranéenne.*** Dans le bol du mixeur, ajoutez des dés de tomate fraîche, quatre filets d'anchois au sel (bien rincés) ou à l'huile coupés en morceaux et huit olives noires dénoyautées.

Mousse de carottes

Voici un exemple type de mousse que vous pourrez décliner avec d'autres légumes tels que potirons, navets, panais, céleris-raves, asperges, courgettes, aubergines…

POUR 4 PERSONNES

600 g de carottes (ou de purée de carotte surgelée)
3 cuillères à soupe de crème de soja
10 cl de lait de soja
3 g d'agar-agar

Comme là-bas !

En ajoutant à votre mousse quelques pincées de cumin en poudre, retrouvez la saveur des célèbres carottes au cumin servies à l'apéritif (la kémia) en Tunisie.

• Faites cuire les carottes à l'eau – ou, mieux, à la vapeur – puis réduisez-les en purée (ou décongelez la purée surgelée).

• Battez la crème de soja jusqu'à obtenir une mousse ferme.

• Mélangez l'agar-agar dans le lait de soja, portez à ébullition et laissez frémir 2 minutes.

• Mélangez purée, crème et lait de soja à l'agar-agar (de préférence au mixeur pour obtenir un mélange bien homogène).

• Laissez refroidir, puis placez au réfrigérateur au moins une heure. Cette mousse aux carottes se démoule sans difficulté.

Mousse sucrée de patidou

Pour 4 personnes

1 courge patidou
25 g de sucre en poudre
40 g de sirop d'agave (ou encore 25 g de sucre en poudre)
3 blancs d'œuf
1 g d'agar-agar

• N'essayez pas de couper et d'éplucher la courge crue : elle est beaucoup trop dure. Plongez-la entière dans une casserole d'eau chaude, portez à ébullition et laissez cuire 20 minutes.

• Sortez la courge de l'eau et coupez-la en deux, retirez les graines, récupérez la chair à la cuillère, mixez-la avec le sirop d'agave ou avec 25 g de sucre.

• Ajoutez à cette purée l'agar-agar délayé dans un peu de lait, faites chauffer 2 ou 3 minutes.

• Montez les blancs en neige ferme avec 25 g de sucre.

• Incorporez les œufs en neige à la purée de courge en mélangeant délicatement pour obtenir une mousse légère.

• Déposez la mousse dans quatre ramequins, laissez refroidir, puis mettez au réfrigérateur au moins une heure.

Mousse au chocolat

Encore un grand classique revisité… et bien allégé. Ici, pas de jaune d'œuf, pas de beurre ni de crème fraîche. Et pas trop de sucre. Pourtant, le résultat va en étonner plus d'un. Non seulement par le goût, mais aussi par la tenue, impeccable grâce à l'agar-agar. Finies les mousses collantes et lourdes ! **Mais si vous souhaitez une mousse un peu moins ferme, il suffit de diminuer légèrement la dose d'agar-agar (1,5 g au lieu de 2 g).**

Pour 4 personnes

100 g de chocolat noir spécial pâtisserie
2 cuillères à soupe de cacao en poudre non sucré
40 à 50 g de sucre en poudre
2 blancs d'œuf
12 cl de lait de riz ou de soja (ou de lait demi-écrémé)
20 cl de crème de soja
2 g d'agar-agar

• Battez les blancs d'œuf en neige ferme dans un grand saladier et incorporez le sucre en continuant à battre.

• Faites fondre le chocolat coupé en morceaux au bain-marie (dans un bol placé dans une casserole d'eau, sur le feu).

• Ajoutez le cacao en poudre et mélangez.

• Versez l'agar-agar dans le lait, mélangez, portez à ébullition et laisser cuire 2 minutes.

• Hors du feu, ajoutez la crème et mélangez.

• Puis ajoutez et mélangez le chocolat fondu encore chaud.

• Versez le mélange chocolat-lait-crème sur le blanc d'œuf et incorporez-le délicatement.

• Laissez refroidir, puis placez au réfrigérateur pendant une heure au minimum.

• Vous pouvez aromatiser votre mousse, au moment du mélange final, avec un peu d'eau de fleurs d'oranger, des feuilles de menthe finement coupées... ou un doigt d'alcool (whisky, rhum, etc.).

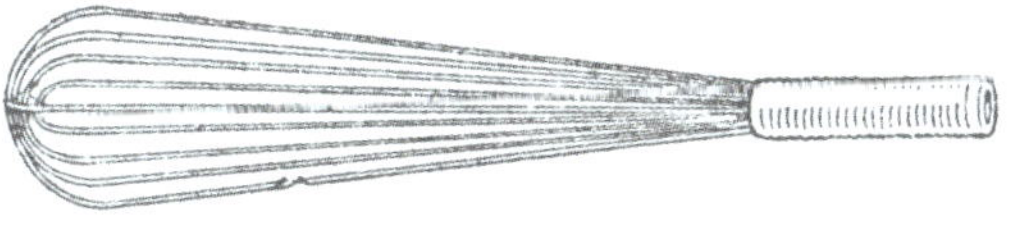

Mousse pommes nashis

Pour 4 personnes

3 pommes golden
2 nashis, ou poires chinoises (très juteuses et peu sucrées, mais on peut utiliser d'autres variétés, bien mûres)
½ citron
2 cuillères à soupe de miel de lavande
2 cuillères à soupe de crème fraîche ou de crème de soja.
2 g d'agar-agar

• Épluchez et coupez les pommes en morceaux, faites-les cuire avec le jus du demi-citron, une cuillère à soupe de miel et un peu d'eau jusqu'à obtenir une compote.

• Coupez les nashis en quartiers et passez-les à la centrifugeuse pour recueillir le jus.

• Fouettez la crème jusqu'à ce qu'elle mousse.

• Ajoutez au jus de nashi l'agar-agar ainsi qu'une cuillère à soupe de miel, portez à ébullition, laissez cuire 2 minutes, mélangez-le à la compote de pommes, puis incorporez délicatement la mousse.

• Versez dans des ramequins, laissez refroidir, puis placez 2 heures minimum au réfrigérateur.

Bavarois aux fraises

À la place des fraises, vous pouvez utiliser toutes sortes de fruits bien mûrs.

Pour 4 personnes

250 g de fraises (bien mûres)
20 cl de lait de soja (ou de lait demi-écrémé ou de lait de riz)
2 cuillères à soupe de fromage blanc allégé (ou à 0 %)
2 blancs d'œuf
2 cuillères à soupe de miel
2 g d'agar-agar

• Lavez et essuyer les fraises, ôtez les pédoncules. Réservez-en 4 ou 5 (les plus petites), coupez-les en deux. Mixez les autres avec miel et fromage blanc jusqu'à obtenir une crème lisse.

• Montez les blancs d'œuf en neige.

• Diluez l'agar-agar dans le lait, faites bouillir, laissez chauffer 2 minutes, mélangez à la crème aux fraises, puis incorporez délicatement les blancs d'œuf en neige.

• Placez dans un moule lisse ou un saladier, laissez refroidir, puis placez au réfrigérateur pendant 2 heures.

• Démoulez, nappez éventuellement d'un coulis de fraises.

Charlotte aux fruits rouges

La mousse qui sert de base à cette charlotte peut aussi être préparée seule, servie dans des ramequins ou des bols.

Pour 4 personnes

300 g de fruits rouges mélangés, frais ou surgelés
Une vingtaine de boudoirs (en fonction du récipient)
15 cl de crème liquide (ou de crème de soja)
2 blancs d'œuf
60 g de sucre en poudre
2 g d'agar-agar
Crème ou sirop de cassis, de fraise ou de mûre

• Réservez 50 g de fruits rouges.

• Dans le bol d'un mixeur, réduisez le reste des fruits en purée et ajoutez-y la crème.

• Battez les blancs d'œuf en neige ferme.

• Dans une assiette creuse, délayez la crème ou le sirop de cassis dans un peu d'eau, trempez-y les boudoirs un à un pour les ramollir. Nappez ensuite le fond et les parois du moule avec les boudoirs.

• Mélangez l'agar-agar, la purée de fruits et le sucre dans une casserole, portez à ébullition et laissez cuire 2 minutes.

• Incorporez délicatement le mélange aux blancs d'œuf battus.

• Versez cette mousse sur les boudoirs, en parsemant de fruits entiers. Recouvrez le tout d'une couche de boudoirs trempés.

• Posez une assiette sur le récipient pour tasser le tout. Laissez refroidir, plus placez au réfrigérateur pendant au moins 2 heures.

• Démoulez la charlotte, décorez éventuellement de quelques fraises ou framboises fraîches.

Charlottes à volonté

Cette recette peut évidemment être transposée avec toutes sortes de fruits : fraises, abricots, pêches, mangues, ananas, cerises, oranges et pamplemousses, bananes, etc. Et pourquoi ne pas tenter d'autres mélanges tels que banane-mangue, ananas-orange... Vous pouvez aussi incorporer à la mousse des fruits en morceaux (ou entiers s'ils sont petits). À vous également de trouver le liquide le plus approprié pour tremper les boudoirs : sirops à l'eau, jus de fruits... ou alcool.

Les crèmes

Un démoulage délicat

Les crèmes sont confectionnées comme les flans, mais avec plus de lait et/ou de crème (d'origine animale ou végétale), et éventuellement un peu moins d'agar-agar. De ce fait, elles seront moins fermes ; **si elles se démoulent mal, n'insistez pas !** Et pour parer à toute éventualité, mettez-les à refroidir dans des récipients transparents (ramequins, verres), que vous pourrez servir directement à table. En revanche, si vous devez ajouter quelques éléments sur le dessus, il faut choisir à l'avance : si vous devez démouler, il faudra mettre les éléments au fond ; sinon, sur le dessus !

En pratique. Comme il s'agit plutôt de desserts, ou d'entrées sucrées-salées, **on n'en fera généralement pas cuire les ingrédients**. L'agar-agar sera délayé dans un peu de lait, toujours bouilli et chauffé pendant 2 minutes, puis mélangé au reste après l'avoir laissé un peu refroidir (mais avant que la gélification ne commence, bien sûr).

La panacotta. Originaire du Piémont, la panacotta (crème cuite, en italien) est un dessert à base de crème fraîche liquide mélangée à un peu de lait, le tout épaissi à la gélatine. Dès lors, il est tentant de remplacer ladite gélatine par de l'agar-agar. Mais, comme vous le savez, la consistance des deux préparations n'est pas la même, et la panacotta à l'agar-agar ressemble à s'y méprendre... à une crème à l'agar-agar. En fait, soyons clairs, quelle que soit l'appellation qu'on lui donne, c'est en général exactement la même chose ! **Il est cependant possible de se rapprocher de la consistance de la vraie panacotta à la gélatine en diminuant la quantité d'agar-agar et en y associant un autre épaississant qui rendra le mélange plus moelleux**, comme de la fécule d'arrow-root (lire page 35) ou, à défaut, un peu de fécule de maïs (Maïzena®).

La plupart des recettes de crème présentées ici (et celles que vous inventerez) peuvent être adaptées de cette manière, moyennant quelques tests préalables.

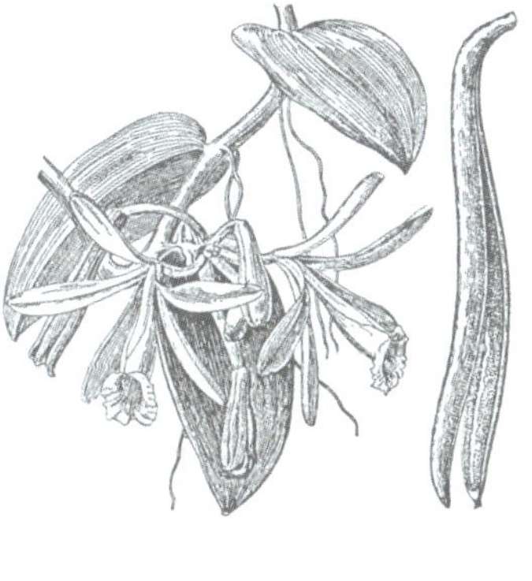

Crème de poivron rouge au saumon fumé

Cette crème salée, à servir en entrée, est dérivée d'une recette de sauce pour les pâtes. Rafraîchissant pour un dîner d'été.

Pour 4 personnes

500 g de poivron rouge (vous pouvez aussi utiliser des poivrons pelés en boîte au sel, bien égouttés et rincés)
150 g de saumon fumé
4 cuillères à soupe de crème fraîche épaisse (ou de crème allégée, de crème de soja, de tofu soyeux)
2 gousses d'ail
Poivre (ou piment d'Espelette)
2 à 3 g d'agar-agar

• Préchauffez le four à 200 °C (thermostat 6).

• Lavez et essuyez les poivrons.

• Mettez le four en position gril, posez les poivrons sur la grille avec une lèchefrite en dessous (la cuisson rend de l'eau). Retournez-les de temps en temps ; ils doivent légèrement noircir sur tous les côtés. Dès que la peau forme de grosses cloques et avant qu'elle ne brûle complètement (cela prend environ 25 minutes), sortez-les du four. Déposez-les dans un saladier, couvrez d'un film alimentaire et laissez refroidir 15 minutes environ. Autre solution : enveloppez-les dans du papier journal. L'opération a pour but de vous permettre de retirer la peau plus facilement.

• Pelez les poivrons, ouvrez-les, ôtez les pépins et le pédoncule, coupez-les en morceaux.

• Dans le bol d'un mixeur, mettez les morceaux de poivrons, l'ail écrasé et la crème. Poivrez. Mixez jusqu'à obtenir une mousse. Mesurez la quantité dans un verre doseur pour ajuster la proportion d'agar-agar (2 g pour 50 cl).

• Mettez le mélange à cuire dans une casserole. Ajoutez-y le saumon fumé coupé en petits morceaux. Laissez cuire à feu doux, à couvert, une dizaine de minutes.

• Délayez l'agar-agar, portez à ébullition puis maintenez la cuisson 2 minutes.

• Versez dans des ramequins en répartissant bien les morceaux de saumon. Laissez refroidir puis mettez au réfrigérateur pendant au moins une heure.

Variantes

Vous pouvez ajouter dans le mixeur un peu de concentré de tomate, des dés de tomates en boîte (ou quelques tomates pelées bien égouttées). Des tomates séchées coupées en petits morceaux seront aussi les bienvenues.

Crème chocolat menthe poivrée

Si vous aimez les fameux carrés de chocolat fourrés à la crème de menthe dénommés « After eight® », retrouvez-en le goût dans cet entremets léger.

Pour 4 personnes

40 cl de lait demi-écrémé (ou de lait de soja ou de riz)
30 g de chocolat noir à 70 %
1 yaourt nature (100 g), éventuellement à 0 %
4 cuillères à soupe de sucre
2 gouttes d'huile essentielle de menthe poivrée (en vente dans les magasins bio)
2 g d'agar-agar

• Dans une casserole, mélangez la moitié du lait, deux cuillères à soupe de sucre et le chocolat cassé en morceaux. Faites chauffer jusqu'à ce que le chocolat soit fondu.

• Ajoutez 1 g d'agar-agar, laissez épaissir quelques minutes, puis ajoutez un peu moins de la moitié du yaourt (vérifiez le dosage pour ne pas trop éclaircir la couleur).

• Répartissez la moitié du chocolat au fond des ramequins et laissez refroidir.

Variantes

Vous pouvez bien sûr inverser l'ordre des couches, mettre quatre couches au lieu de trois, voire plus, en les faisant plus fines. Ce sera seulement un peu plus long, car il faut laisser chaque couche gélifier avant d'ajouter la suivante. Si vous finissez par une couche de menthe, saupoudrez de chocolat râpé ou en poudre.

• Maintenez le reste du chocolat à feu très doux, juste pour qu'il ne refroidisse pas.

• Pendant ce temps, faites chauffer l'autre moitié du lait avec le reste du sucre et ajoutez l'huile essentielle de menthe poivrée (deux gouttes, c'est juste la bonne dose).

• Ajoutez 1 g d'agar-agar, portez à ébullition, laissez chauffer 2 minutes et mélangez jusqu'à épaississement. Ajoutez la moitié du yaourt et mélangez.

• Versez dans les ramequins sur la couche de chocolat gélifié.

• Mettez à refroidir quelques minutes au congélateur pour que la préparation commence à gélifier. Lorsqu'elle est figée, ajoutez une nouvelle couche de chocolat.

• Laissez refroidir, puis placez au réfrigérateur au moins une heure. Vous pouvez décorer d'une feuille de menthe fraîche.

Crème noix de coco, mangue et ananas

POUR 4 PERSONNES

10 cl de lait de coco
1 mangue
1 ananas
4 cuillères à café de noix de coco râpée
2 cuillères à café de sucre
2 g d'agar-agar

• Épluchez mangue et ananas, coupez la chair en morceaux et mettez ceux-ci dans un mixeur (blender) avec 5 cl de lait de coco et la noix de coco râpée.

• **Attention : vous n'aurez pas forcément à mettre la totalité des ingrédients.** Le but est d'obtenir un demi-litre de purée, en incorporant et en mixant les ingrédients petit à petit, en goûtant chaque fois pour arriver au bon équilibre de saveurs. Sachez déjà qu'il faudra mettre plus d'ananas que de mangue, dont le goût est très puissant. De même, goûtez pour le dosage de la noix de coco.

• Prélevez une dizaine de centilitres de mélange, ajoutez-y 5 cl de lait de coco, délayez l'agar-agar, portez à ébullition et laissez cuire doucement 2 minutes.

• Remettez ce mélange dans le blender, mixez à nouveau, non seulement pour bien mélanger, mais pour faire mousser.

• Versez dans des ramequins, laissez refroidir et placez au réfrigérateur au moins une heure.

Noix de coco et banane

Procédez de la même manière, mais avec 5 cl de lait de coco et une demi-banane par personne. Gardez deux tranches que vous placez au fond du ramequin, et deux pour le dessus. Délayez l'agar-agar dans le lait de coco et faites-le bouillir avant de mixer avec le reste de la banane et le coco râpé (vous pouvez mettre à la place de la poudre d'amande). Ajoutez éventuellement un trait de rhum.

Crème vanille caramel

Pour 4 personnes

30 cl de lait de riz (ou de lait demi-écrémé)
10 cl de crème de soja (ou de crème fraîche)
1,5 gousse de vanille
80 g de sucre en poudre
20 cl d'eau
2,5 g d'agar-agar

• Ouvrez les gousses de vanille et grattez les graines. Faites-les tremper 15 minutes dans le lait.

• Battez la crème de soja en mousse.

• Faites bouillir le lait avec la vanille, 10 g de sucre et l'agar-agar, laissez cuire 2 minutes, puis introduisez la crème de soja battue.

• Versez dans des ramequins et laissez refroidir.

• Pendant ce temps, dans une casserole, mélangez le sucre et l'eau, faites chauffer jusqu'à obtenir un caramel léger.

• Versez le caramel dans les ramequins, pour napper la crème à la vanille déjà gélifiée. À déguster tout de suite, ou après une heure au réfrigérateur.

Gâteau de fromage au miel

Pour 4 personnes

200 g de brousse ou de chèvre frais
100 g de tofu soyeux ou tofu « mou »
20 cl de lait de riz (ou de soja, ou lait écrémé)
4 cuillères à soupe de miel de châtaignier ou de lavande (ou un autre miel au goût bien affirmé)
3 cuillères à soupe de poudre d'amande
3 g d'agar-agar

• Battez le tofu pour le rendre mousseux.

• Délayez l'agar-agar dans le lait, mettez à bouillir et laissez cuire 2 minutes.

• Mélangez le fromage bien écrasé, le miel, le tofu battu, le lait et la poudre d'amande.

• Versez dans des ramequins, laissez refroidir, puis placez au réfrigérateur pendant au moins une heure.

• Vous pouvez démouler les gâteaux sur des assiettes ou les laisser dans les récipients. Pour un dessert plus gourmand, nappez de miel et saupoudrez de poudre d'amande.

Les confitures et pâtes de fruits

Des fruits dans tous leurs états

Oui, on sait faire les confitures et les pâtes de fruits sans agar-agar depuis belle lurette, et cela marche très bien... Mais l'utilisation de l'agar-agar rend la chose plus facile et permet d'utiliser moins de sucre.

Les confitures. Si certains fruits (pommes, groseille et surtout coings) sont riches en pectine, ce n'est pas le cas de tous. Pour obtenir une confiture digne de ce nom, il faut alors ajouter de la pectine achetée dans le commerce ou utiliser du sucre « spécial confiture ». **C'est là qu'intervient l'agar-agar, en remplaçant la pectine.** L'intérêt ? Il en faut dix fois moins et, surtout, comme il gélifie seul, il permet de confectionner des confitures et des marmelades avec nettement moins de sucre (donc moins caloriques) sans qu'elles restent liquides... et moisissent rapidement. Comme les confitures « allégées » du commerce, finalement. De plus, vous pouvez facilement confectionner des confitures avec des éléments moins habituels, comme l'oignon ou le poivron rouge.

Les pâtes de fruits. Pour la confection des pâtes de fruit, le recours à l'agar-agar est vraiment intéressant. Non seulement parce qu'on mettra moins de sucre, mais surtout parce que la recette est d'une facilité déconcertante, quel que soit le fruit utilisé.

Confiture gingembre agrumes

POUR 600 G ENVIRON DE CONFITURE

250 g de gingembre frais
1 pamplemousse rose
1 orange (maltaise ou sanguine de préférence, en saison)
1 citron
250 g de sucre en poudre
2 g d'agar-agar

• Pelez le gingembre, râpez-le avec une grille fine, puis ébouillantez-le deux fois, dans deux eaux différentes, afin d'en adoucir le goût. Rincez-le et épongez-le.

• Pressez le pamplemousse, l'orange et le citron.

• Dans une casserole, mélangez le jus des agrumes, le gingembre râpé et le sucre. Laissez reposer 1 heure ou 2, jusqu'à ce que le sucre fonde.

• Portez à ébullition et laissez cuire 15 minutes, en remuant souvent. 2 minutes avant la fin de la cuisson, ajoutez l'agar-agar et mélangez bien. Répartissez la confiture dans des pots. Retournez ceux-ci de temps en temps avant gélification complète pour bien répartir les morceaux de gingembre.

Pâtes de fruits

Des pâtes de fruits maison, vous en rêviez ? Ou, au contraire, vous n'y pensiez même pas ? Eh bien, n'hésitez plus : c'est très simple et rapide à réaliser grâce à l'agar-agar. C'est idéal, par exemple, pour un goûter d'enfants… et c'est aussi une excellente manière de sauver des fruits un peu mûrs qu'on aurait du mal à présenter à table.
Tous les fruits feront l'affaire, ou presque (les raisins, par exemple, se prêtent mal à l'exercice, à cause de la peau et des pépins). En hiver, vous pourrez avoir recours aux poires, aux kiwis, aux mangues, aux bananes (à mélanger avec un peu plus d'eau), ou aux framboises et autres fruits rouges surgelés.

Pour 200 g environ de pâte de fruits

100 g de purée de fruits
100 g de sucre (ou un peu moins)
15 cl d'eau
1 citron
3 g d'agar-agar

• Réduisez les fruits en purée. Pour les fruits durs (pommes, (coings, cerises, certaines poires), trop difficiles à réduire en purée, il faudra d'abord préparer une compote (sans sucre) en faisant cuire les fruits coupés en morceaux dans un peu d'eau. Lorsqu'ils sont bien tendres, passez-les au mixeur.

• Faites bouillir l'agar-agar dans l'eau 1 ou 2 minutes.

• Ajoutez le sucre, un jus de citron (facultatif), mélangez et laissez cuire 1 minute.

• Ajoutez la purée de fruits, laissez encore cuire à feu doux 1 minute.

• Versez dans des moules à glaçons ou dans un petit plat carré, laissez refroidir, puis placez au réfrigérateur.

• Si vous avez utilisé des moules à glaçons, démoulez délicatement avec la pointe d'un couteau. Comme c'est un peu fastidieux et délicat, préférez le plat si vous prévoyez une grande quantité. Une fois la préparation bien gélifiée, il vous suffira de couper la plaque de pâte de fruits en petits rectangles.

• Vous pouvez aussi, pour une présentation proche de celle des pâtes de fruits du commerce, rouler les morceaux dans du sucre, de préférence du sucre blond ou roux en gros cristaux.

Yokan

Dans un livre consacré à l'agar-agar, impossible d'ignorer le yokan ! Cette pâtisserie traditionnelle (*wagashi*), très prisée au Japon, est constituée de pâte de haricots rouges azuki, sucrée et gélifiée à l'agar-agar. Elle se présente comme une pâte de fruits et se déguste généralement avec le thé.
On peut trouver les azukis dans les épiceries japonaises ou chinoises. Vous aurez, sans doute, la chance d'y trouver aussi de la pâte d'azuki toute faite, appelée *anko*. La recette n'en sera que facilitée, et bien plus rapide.
Mais si vous voulez suivre la recette traditionnelle, la voici en détail.

Préparation de l'anko

• Faites tremper 200 g d'azukis dans de l'eau, pendant au moins une nuit. Rincez-les à l'eau froide, égouttez-les.

• Mettez les haricots dans une casserole remplie d'eau et portez à ébullition.

• Égouttez à nouveau les haricots, rincez-les, puis remettez-les à cuire en les couvrant d'eau (ils doivent toujours rester couverts ; ajoutez de l'eau au besoin en cours de cuisson).

• Laissez cuire jusqu'à ce que les haricots soient bien tendres. Ils doivent s'écraser sans effort entre les doigts.

• Ajoutez 200 g de sucre, mélangez, et laissez cuire encore 15 minutes.

• Écrasez le mélange à la fourchette, ou passez-le au mixeur, selon la consistance souhaitée.

Confection du yokan, pour 4 personnes

200 ml d'eau
300 g d'anko
40 g de sucre
2 g d'agar-agar en poudre

• Délayez l'agar-agar dans l'eau, portez à ébullition et laissez bouillir 3 minutes tout en remuant.

• Ajoutez l'anko et le sucre, laissez bouillir encore 2 minutes sans cesser de remuer, puis retirez la casserole du feu.

• Versez la préparation dans un récipient rectangulaire, laissez refroidir à température ambiante, puis au réfrigérateur.

• Démoulez et coupez le yokan en rectangles avant de servir.

Également chez Larousse

Des petits guides à petit prix pour découvrir ou redécouvrir les vertus de produits naturels et toutes leurs utilisations possibles dans les domaines de la santé, de la beauté, de la cuisine ou de l'entretien de la maison.

Chaque ouvrage :
128 pages, 11,8 x 15,5 cm,
4,90 €

Les secrets
du ***miel***

Les secrets
du ***vinaigre***

Les secrets
du **bicarbonate**

Les secrets
du **citron**

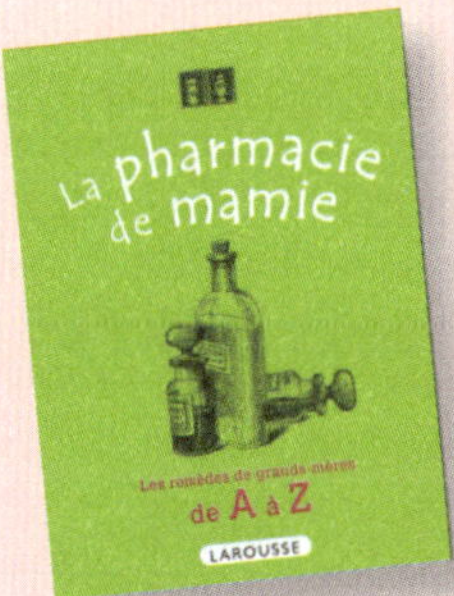

La pharmacie de mamie
de A à Z

Conseils et recettes santé et beauté, la plupart à base de produits naturels, pour faire bon usage des « remèdes » de nos grands-mères et redécouvrir les bienfaits des médicaments d'autrefois.

128 pages, 11,8 x 15,5 cm, 4,90 €